¿Qué es y qué motiva una acción moral?

Edición y traducción de Mariano Crespo

Josef Seifert

¿Qué es y qué motiva una acción moral?

Edición y traducción de Mariano Crespo

Madrid 2024

© 2024 Josef Seifert

© 2024 Mariano Crespo de la edición y traducción

© 2024 Editorial UFV
         Universidad Francisco de Vitoria
         editorial@ufv.es / www.editorialufv.es

Segunda edición: mayo de 2024
ISBN papel: 978-84-10083-47-9
ISBN digital: 978-84-10083-48-6
Depósito Legal: M-9859-2024

Imagen de portada: archivo original Creative Commons en https://commons.wikimedia.org/wiki/
         File:Camino_al_Tepuy_Roraima,_estado_Bol%C3%ADvar.JPG

Preimpresión: MCF Textos, S. A.
Impresión: Imedisa Artes Gráficas

Quien no quiere hacer el bien a su prójimo —de modo que solo le importa la realización de este bien—, sino que solo aprovecha la ocasión para ser bueno en este acto mismo o hacer el bien (este), no es en verdad moralmente bueno ni hace el bien [...]. [El valor de lo bueno] se encuentra, por así decir, a la espalda de este acto.

MAX SCHELER

La buena voluntad no es buena por lo que efectúe o realice, no es buena por su adecuación para alcanzar algún fin que nos hayamos propuesto, sino que [...] es buena en sí misma [...]. Aun cuando, por particulares enconos del azar o por la mezquindad de una naturaleza madrastra, le faltase por completo a esa voluntad la facultad de sacar adelante su propósito; si a pesar de sus mayores esfuerzos, no pudiera llevar a cabo nada y solo quedase la buena voluntad —libremente [...] como el acopio de todos los medios que están en nuestro poder—, sería esa buena voluntad como una joya brillante por sí misma, como algo que en sí mismo posee su pleno valor. La utilidad o la esterilidad no pueden ni añadir ni quitar nada a ese valor.

IMMANUEL KANT

En verdad atenienses os tengo afecto y soy vuestro amigo, pero obedeceré más a Dios que a vosotros.

SÓCRATES

Los valores morales son los supremos de todos los valores naturales. Por encima de la genialidad, de la inteligencia, de la vida floreciente, de la belleza de la naturaleza y del arte, de la concordia y del poder de un Estado se hallan el bien, la pureza, la veracidad y la humildad de una persona. Lo que en un acto de auténtico perdón o en una renuncia generosa o en un amor ardiente desinteresado se hace real y resplandece es más importante, más grande, significativo y eterno que las obras culturales. Los valores morales son el punto central del mundo; los disvalores morales, el mayor mal, peores que el sufrimiento, la enfermedad, la muerte y el perecer de las civilizaciones florecientes.

DIETRICH VON HILDEBRAND

*Dedicado en agradecimiento
a Balduin Schwarz y a Robert Spaemann*

Índice

Presentación

Celebro sobremanera que la universidad Francisco de Vitoria inicie una colección de escritos de gran altura intelectual, como este del profesor J. Seifert. En el momento de encrucijada que vivimos, nada es más importante que el cultivo serio y lúcido del pensamiento. Si nos mantenemos en un nivel mediocre, no lograremos hacer frente con éxito a los rasgos patológicos más graves de la situación actual: el afán de tener y poder, el reduccionismo, el intrusismo, la manipulación…

Consecuencia patente de estas actitudes es el bajo voltaje moral de la sociedad contemporánea. Se hace urgente, por razones elementales de dignidad, llevar a cabo una labor de renovación de diversos órdenes. Y esta debe comenzar con una clarificación a fondo, apartidista y desinteresada, de lo que es el ser humano y sus leyes de desarrollo personal.

Entre estas leyes, figura la necesidad de comprometerse a ir en busca de la verdad, para vivir de ella y en ella. Esta idea debe ser enérgicamente subrayada, porque está cundiendo un cierto temor a la verdad, en medida proporcional a la defensa de la libertad humana. Parece darse por supuesto (la estrategia de la manipulación aconseja no demostrar nada, sino dar por hecho lo que conviene…) que ser libre y atenerse a la verdad se oponen mutuamente. Por eso, se rechaza, a menudo airadamente, la afirmación de que «la verdad os hará libres». Por increíble que parezca, no faltan quienes motejan de fundamentalista a quien la tome como lema de vida. En oposición a esta atenencia, supuestamente rígida, a los dictados de la verdad, se proclama la conveniencia de que cada uno busque libremente su verdad, sin pretensión alguna de poseer toda la verdad. Se estima que tal renuncia a la posesión de la verdad absoluta nos lleva a no imponer nuestras opiniones a los demás y respetar las suyas propias. De este modo, se hace posible una verdadera tolerancia y un mínimo al menos de convivencia pacífica y comprensiva.

Esta forma de convivencia es viable únicamente en el caso de que todos los ciudadanos coincidamos en la aceptación de unos valores básicos: solidaridad, justicia, libertad... Naturalmente, si se presupone que buscar la verdad y no cejar hasta cobrar conciencia de hallarse en ella implica la voluntad de imponerla a los demás, se torna indispensable encontrar algunas convicciones básicas que podamos compartir todos como base de nuestra vida cívica. Pero aquí se impone revisar dos puntos:

1.º La verdad, en su acepción primaria, es la autopatentización de la realidad en todo su valor. Y los valores atraen, no arrastran. Por tanto, no tiene sentido empeñarse en imponer la verdad. Puedo sugerirte que esta convicción mía es verdadera e, incluso, mostrarte su coherencia interna y su riqueza (dos aspectos del criterio de autenticidad), pero sería infiel al sentido profundo de la verdad que sostengo si intentara imponértela. En definitiva, no debemos rechazar la verdad y la defensa de esta por temor a privarnos de libertad. Lo que debemos evitar cuidadosamente son las falsas concepciones de verdad y libertad.

2.º Convendría meditar a fondo si existe una garantía seria de que la aceptación general de unos cuantos valores es base suficientemente sólida para garantizar la buena marcha de la sociedad. La afirmación de que el respeto a los derechos humanos es un bien común de las sociedades civilizadas es desmentida a diario, infelizmente, por los conflictos que siembran el horror en pueblos nada primitivos en cuanto al cultivo de la ciencia, la técnica y el arte. Limitarse a decir que la base de la que debemos partir para edificar nuestra vida social no es otra que la Declaración Universal de los Derechos Humanos resulta a todas luces insuficiente. Si bien a esta forma de configurar la vida ética se la denomina *ética de mínimos*, se corre peligro de que esta se convierta, a no tardar, en una ética bajo mínimos.

Más que nunca, se impone hoy precisar las exigencias que deben cumplir nuestras convicciones y actitudes para que puedan ser consideradas éticas en sentido riguroso. La aceptación borrosa y un tanto gregaria de ciertos valores indispensables para la convivencia es útil, sin duda, en orden al logro de un consenso, pero está lejos de constituir una actitud propiamente ética. Para merecer el calificativo de *éticas*, una convicción y una actitud han de estar debidamente fundamentadas. Esta fundamentación consiste en adecuarlas a la realidad, sobre todo a la realidad humana.

Esforzarse por ahondar en el modo propio de ser del hombre, con cuanto implica, y adecuar el pensamiento y la acción a este no puede tacharse de dogmatismo, ni menos de fanatismo o intolerancia. Todo lo contrario. Es el principio de la flexibilidad espiritual y de la tendencia a fundar modos de unidad valiosos con las realidades circundantes. El que actúa y piensa conforme a las exigencias de la realidad, no de su propio arbitrio, está dispuesto en todo momento a cambiar de opinión y actitud si descubre que no está acertado. No defiende sus posiciones como cosa de amor propio, sino por fidelidad a la realidad que nos sostiene e ilumina a todos. De ahí que la búsqueda desinteresada de la verdad sea el camino real hacia la unidad.

Escuchad un coro de calidad. Fijaos cómo vibran los intérpretes unos con otros. Pero lo curioso es que no se miran. Están solo atentos a algo que los trasciende. Uno diría que están atenidos a la realización de su papel particular, y es verdad, pero ese papel consiste en unirse a la perfección con la obra, y tal vinculación a algo valioso los engarza a todos entre sí con una forma de armonía que es fuente de la más alta belleza. Lo que interesa a cada intérprete es conseguir la verdad de la obra, la patentización fiel de su riqueza interna. ¿Quién podría afirmar que la atenencia a la verdad escinde a los músicos entre sí y los torna intolerantes? En toda labor interpretativa, se conjugan la máxima independencia y la máxima solidaridad. Esta forma de unión no es paradójica; es perfectamente lógica en el plano de la creatividad, no en el del mero dominio. En el plano del arte auténtico, nadie quiere dominar a nadie. Todos desean configurar las obras al tiempo que se dejan configurar por ellas. Es otro tipo de relación, más elevado, más flexible y fecundo. Hoy día, se confunde con frecuencia la atenencia a la verdad con el dogmatismo rígido porque se plantea esta cuestión en el nivel de los meros objetos y de los procesos de producción. Es un error radical que nos impide fundamentar en serio la teoría del conocimiento.

La verdad no se nos impone, ni nosotros la poseemos; la recibimos como una luz que brota en el encuentro. Oigo una buena interpretación de Bach y exclamo espontáneamente: «¡Esto es verdadero Bach!». Es Bach manifestándoseme en toda su autenticidad, su riqueza, su capacidad expresiva. No necesito confrontar esa interpretación con otra considerada modélica. Ella misma se me revela verdadera por su vivacidad interna, su coherencia interior, su poderosidad expresiva. La admiro profundamente, pero no caigo en la tentación de imponerla como la única válida. Puede haber otras diferentes de ella y también legítimas y verdaderas, pues cada interpretación que tiene la debida calidad es un diálogo recreador realizado desde una perspectiva peculiar. Cada diálogo es una fuente de luz y, a esa luz, cada intérprete puede ofrecernos aspectos distintos de la misma obra, que se complementan y enriquecen entre sí. Por eso, hoy día, conocemos las obras de los distintos compositores mucho mejor que en su época.

Cuando, al interpretar una obra, las posibilidades expresivas de esta no están todavía al descubierto, la obra misma lo delata, lo corrige, y esta corrección no supone una coacción, sino un impulso hacia un encuentro auténtico y, por ende, verdadero. Si un maestro me hace ver que mi interpretación no es del todo fiel a la obra, no me impone su visión de ella; me guía hacia la manifestación plena de la obra, hacia su verdad. Intenta convencerme, no vencerme.

Algo semejante acontece con la verdad en otros campos de lo real. Si manifiesto con entusiasmo una convicción mía, estoy mostrando que la realidad se me ha manifestado de esa forma, y en tal manifestación encuentro una riqueza que me mueve a aceptarla. Al comunicar mi hallazgo, quiero hacer partícipes a los demás de algo valioso, es decir, algo que les ofrece posibilidades para enriquecer su vida. Intento adentrarlos en el área de irradiación de ese valor. El resto debe hacerlo el valor mismo. Si tú lo aceptas es porque entревés en él una serie de posibilidades para tu vida. No cabe hablar aquí de imposición alguna.

El que sabe lo que es la verdad y lo que significa para la vida humana es tolerante de forma radical, no por simple voluntad de consenso. Para él, adoptar una actitud tolerante no consiste en aceptar cualquier opinión, para evitar fricciones, sino en unirse con los demás para buscar en común la verdad. Cuando no está de acuerdo con otras personas, no las desprecia, no las deja de lado, no intenta pulverizarlas dialécticamente:

las invita a que sigan buscando la verdad con él. Evita, así, el doble riesgo de confundir, por una parte, tolerancia con permisividad y, por otra, fidelidad a la verdad con mera terquedad hosca.

La fenomenología nació, como sabemos, por una voluntad indeclinable de verdad, de fidelidad a la realidad, de vuelta a las cosas mismas, sobre todo a las realidades que no son meras cosas. Husserl tuvo por meta convertir los conceptos vacíos en conceptos llenos, no quedarse en meras abstracciones, penetrar de forma experiencial en el sentido profundo de la realidad. Tanto él como sus discípulos contribuyeron notablemente a ampliar la noción de experiencia y nos legaron análisis fecundísimos de toda suerte de experiencias humanas.

La atenencia del doctor Seifert al pensamiento de uno de tales discípulos, Dietrich von Hildebrand, revela claramente que su investigación se mueve en el cauce de una fenomenología fiel a la realidad y a la experiencia humana liberada de prejuicios. El lema intelectual y espiritual de Josef Seifert, rector de la prestigiosa Academia Internacional de Filosofía del Principado de Liechtenstein, es «Amar la verdad en todo y para todos».

Buen camino este para que la universidad Francisco de Vitoria alcance los altos objetivos que se ha propuesto: mostrar la primacía de lo ético sobre lo meramente técnico, de las personas sobre las cosas, del espíritu sobre la materia, del ayudar sobre el dominar. Esa primacía, bien entendida, no entraña escisión; más bien, abre la posibilidad de una integración fecunda. La mentalidad integradora, que hoy se postula desde diversos campos de la investigación, tiene impulso creador suficiente para clarificar a fondo distintos temas de gran calado, como la dignidad de la vida humana, la promoción de la justicia social, la protección de la naturaleza, el fomento de la paz, un nuevo ordenamiento jurídico y económico que se traduzca en formas de solidaridad eficiente.

Tengo, pues, sobrados motivos para sentirme complacido al presentar esta nueva colección y el espléndido trabajo del profesor Seifert, que nos ofrece una muy sólida introducción a la ética; de modo especial, a la ética fenomenológica de los valores.

ALFONSO LÓPEZ QUINTAS
Madrid

Ensayo introductorio

Las siguientes líneas pretenden ofrecer algunos puntos de interpretación básicos que puedan servir de ayuda a una comprensión mejor de la obra, que presentamos por primera vez en castellano. Como puede apreciarse, *¿Qué es y qué motiva una acción moral?* no constituye un tratado sistemático de filosofía moral. En ella, no se examinan todas y cada una de las posiciones que se han mantenido a lo largo de la historia del pensamiento en lo que se refiere a la acción moral del ser humano. Sin embargo, su claridad y concisión hacen de esta obrita una auténtica introducción a las cuestiones fundamentales de la ética y, más en concreto, a una de ellas: la motivación moral.

El origen cronológico de esta obra es la conferencia pública pronunciada en Múnich con ocasión de su habilitación al profesorado —como el autor reconoce en sus palabras iniciales.

1. EL REALISMO FENOMENOLÓGICO

El autor de *¿Qué es y qué motiva una acción moral?*, Josef Seifert, pertenece a una generación de pensadores que constituyen lo que se ha venido denominando *fenomenología realista*, *realismo fenomenológico* o incluso *filosofía creóntica*.[1] El origen de esta corriente filosófica se cifra en un

---

[1] Cf. F. Wenisch, *Die Philosophie und ihre Methode*, 2. Kap., Universitätsverlag Anton Pustet. Salzburgo, 1976 (*La filosofía y su método*, trad. de M. García-Baró, R. Rovira y J. J. García Norro, FCE, Madrid, 1987).

grupo de jóvenes pensadores que se reunieron en torno al fundador de la fenomenología, Edmund Husserl, cuando este era profesor de la Universidad de Gotinga. El ambiente filosófico de aquella ciudad alemana atrajo a muchos pensadores que vieron en la fenomenología primigenia y en su creador el inicio de una auténtica renovación filosófica.[2] El espíritu fenomenológico de atención a las cosas mismas prometía superar el callejón sin salida en el que parecía haberse introducido el pensamiento europeo, dominado en aquella época por el neokantismo y el positivismo. Entre estos autores, podemos citar a Adolf Reinach, Johannes Daubert, Max Scheler, Alexander Pfänder, Moritz Geiger, Edith Stein, Dietrich von Hildebrand, etc.

Estos autores comprobaron como los *Prolegómenos a la lógica pura* y la primera edición de las *Investigaciones lógicas* de Husserl habían puesto de relieve la objetividad de lo ideal mediante la reducción al absurdo del psicologismo. Podemos caracterizar brevemente el psicologismo como aquella teoría que considera que las legalidades psíquicas o espirituales constituyen la raíz última de la realidad, tal y como se nos da, reduciendo de este modo las leyes del ser a leyes del pensamiento.[3] En este sentido amplio, todo psicologismo conduciría, como Husserl mostró convincentemente, al relativismo individual o específico y, en última instancia, al escepticismo, pues llevaría a una teoría que atenta contra las condiciones de posibilidad de toda teoría. Los defensores de esta interpretación negarían los rasgos esenciales del conocimiento y reducirían a este a algo que no es: procesos psíquicos, cerebrales, etc. Por consiguiente, y dentro de esta noción amplia de psicologismo, podemos hablar de una interpretación psicologista en estética, en filosofía del derecho, en

---

[2] Acerca del ambiente filosófico que en estos años se respiraba en Gotinga, cf. E. Stein, *Aus dem Leben einer jüdischen Familie,* Louvain-Freiburg, Nauwelaerts, 1965 (hay traducción española de Carlos Castro con el título *Estrellas amarillas,* 2.ª ed., Editorial de Espiritualidad, Madrid, 1992). A. López Quintas, *Cuatro filósofos en busca de Dios,* 2.ª ed. Rialp, Madrid, 1990, pp. 117-150.

[3] Cf. J. Seifert, *Erkenntnis objetiver Wahrheit. Die Transzendenz des Menschen in der Erkentnis,* 2.ª ed., Universitátsverlag Anton Pustet, Salzburgo, 1976, p. 54. Sobre la historia del concepto de *psicologismo,* cf. J. Ritter y K. Gründer (eds.), *Historisches Wörterbuch der Philosophie,* Bd. 7, Schwabe & Co., AG Verlag, Basel, 1992.

ética (piénsese en el emotivismo y en el prescriptivismo), en meta-física, en lógica, etc.[4]

Si la interpretación psicologista del conocer fuera válida, cabría preguntar: ¿por qué las leyes de nuestro pensamiento habrían de tener una validez objetiva como parecen tener las leyes de la lógica, por ejemplo?, ¿hasta qué punto podríamos hablar de auténticas leyes?, ¿no estaríamos más bien ante leyes naturales, reglas de la experiencia que, a lo sumo, proporcionan un alto nivel de probabilidad, pero no validez universal? En este sentido, Husserl pone de manifiesto que las leyes de la lógica no son leyes para hechos reales de la vida psíquica. Ello significa que no llevan consigo el contenido existencial propio de todas las probabilidades y que no tienen su fundamento justificativo en la inducción. Es decir, cualquiera de estas leyes es «una verdad única y sola, que excluye toda posibilidad distinta y que se mantiene pura de todo hecho en su contenido y en sus fundamentos, como ley conocida con intelección».[5]

En resumen, el psicologismo sustituye las leyes teoréticas por generalizaciones empíricas acerca del transcurso real del pensamiento, falseando así el carácter teorético, formal y apriórico de la lógica. Si esto fuera así, la evidencia que tendríamos de las leyes lógicas procedería de un detenido análisis de determinadas vivencias en las que este sentimiento aparece. Los psicologistas, llevados por el hecho de que las leyes de la lógica prescriben, de algún modo, procesos de actos cognoscitivos, cayeron en el error de interpretarlas como reglas del acontecer psíquico real. La crítica husserliana al psicologismo pone de manifiesto que la lógica no es una doctrina del pensar, sino de

---

[4] Sobre el psicologismo en la obra de arte, cf. R. Ingarden, *Das literarische Kunstwerk*, 4.T, Max Niemeyer Verlag (ed.), Tubinga, párr. 4-7; sobre el psicologismo en filosofía del derecho, pueden consultarse las interesantísimas obras de A. Reinach, *Uber der Ursachenbegriff im geltenden Strafrecht* (1905) y *Die apriorischen Grundlagen des bürgerlichen Rechtes* (1913), ambas publicadas en las *Sümtliche Werke* de Reinach, editadas por B. Smith y K. Schuhman en la editorial Philosophia de Múnich en 1989. (Hay traducción de esta última obra con el título *Los fundamentos aprióricos del derecho civil* a cargo de J. L. Álvarez, Liberta Bosch, Barcelona, 1934).

[5] E. Husserl, «Prolegomena zur reinen Logik», en *Logische Untersuchungen* (*Husserliana*, XVIII), text der 1 und der 2, Auflage, Hrsg. Elmar Holenstein, Den Haag («Prolegómenos a la lógica pura», en *Investigaciones lógicas*, traducción de la segunda edición, Madrid, 1985, párr. 23).

algo que reside en el pensar, que en modo alguno está ni en el tiempo ni en el espacio. Esto es mentado por Husserl al afirmar que las significaciones no tienen una existencia real, sino ideal. El no haber percibido la idealidad de las significaciones y del resto de los objetos de la lógica está en el centro del error psicologista.

Por tanto, existe una diferencia radical entre el pensar y su correlato del mismo modo que existe una diferencia entre la percepción y lo percibido —y esto es lo que aquí nos interesa recalcar—. Una vivencia de pensamiento es una unidad temporal, que comienza y finaliza. Sin embargo, esto no puede afirmarse del contenido ideal pensado. Así, un contenido ideal, como el teorema de Pitágoras, puede ser pensado por muchos hombres, puede haber tantas vivencias de pensamiento en que aparezca como hombres que piensen en él, pero, en todo caso, el contenido ideal permanece idéntico.

Este análisis crítico del psicologismo es relevante porque muestra, a mi juicio, la existencia de toda una serie de formaciones ideales que no solamente se dan en el ámbito de la lógica. Piénsese en lo que sucede si nos fijamos en el ejemplo de la promesa. Si analizamos detenidamente en qué consiste una promesa, nos daremos cuenta de que en ella siempre surgen una obligación por parte del que promete y una pretensión —en el destinatario de la promesa— de que esta se cumpla. Este análisis que acabo de efectuar no es en modo alguno de orden psicológico. Me he enfrentado con un *qué* —permítaseme la expresión— cuya estructura no depende de la peculiar constitución psicológica del hombre. En cualquier mundo, para cualquier configuración mental, en cualquier época, una promesa funda una obligación y una pretensión. El hecho de que estas formaciones se den en determinados fenómenos reales de la experiencia interna no debe llevarnos a pensar que son de naturaleza anímica.[6] Una de estas formaciones es la acción moral y su motivación. Por tanto, *¿Qué es y qué motiva una acción moral?* no es un estudio psicológico de lo que motiva de hecho la acción moral. Interpretarlo así sería confundir dos planos que la crítica al psicologismo ha distinguido clarísimamente, a saber, la esfera de lo ideal y la esfera de lo real.

---

[6] Dejo de lado aquí los problemas que la crítica al psicologismo realizada por Husserl plantea: utilización del tiempo como criterio adecuado para la distinción entre lo ideal y lo real, consideración de todos los entes ideales como especies, el abismo entre lo ideal y lo real, etc.

El resultado de esta crítica es el descubrimiento de todo un mundo de esencias estrictamente necesarias, universales, atemporales, objetivas y totalmente independientes del pensar humano. De este modo, la filosofía de Husserl aparecía como una vuelta al objetivismo clásico. Sin embargo, Husserl no sostuvo durante mucho tiempo estas tesis. En 1905, y para sorpresa de sus discípulos, adoptó una fenomenología trascendental en la que la influencia de Kant era evidente. Husserl llegó a la conclusión de que el hombre no podía conocer ninguna necesidad esencial absoluta por la sencilla razón de que todo lo que conocía el ser humano era, en última instancia, fruto de un proceso de constitución por una conciencia trascendental. El conocimiento deja de tener el carácter de un ver, de un recibir de los seres que están más allá de nuestra conciencia para convertirse en una creación de esta.

No quisiera entrar en esta introducción en un estudio histórico acerca de si se puede hablar de un giro copernicano en la filosofía de Husserl o si en realidad su idealismo trascendental ya estaba, de alguna manera, latiendo incluso en la primera edición de *Investigaciones lógicas*. Tan solo diré —y permítaseme que no pruebe directamente la siguiente afirmación, ya que este no me parece el lugar adecuado— que mi hipótesis de trabajo es que, en esta obra husserliana, existen elementos que permiten tanto un desarrollo objetivista como un desarrollo idealista. En cualquier caso, a mi juicio, es necesario darse cuenta de un aspecto fundamental que, si no se nota, puede conducir, como de hecho ha conducido, a malentendidos desagradables. Me explico.

El término *fenomenología* hace referencia a un método filosófico que intenta ser fiel a las cosas mismas, a aquello que se nos da. En este sentido, el método fenomenológico responde a la aspiración de ciencia radical de la filosofía hasta el punto de poder afirmar que dicho método no es *un* método más, sino *el* método filosófico por excelencia. Se trata, pues, de reflexionar ahondando en el misterio del ser, plegándonos a los datos que brotan en la experiencia prefilosófica y penetrando esos datos haciendo justicia a su naturaleza, renunciando para ello a todo intento de sistematización prematura.[7]

---

[7]   No me resisto a citar un texto de Husserl en el cual se habla justamente del método filosófico: «El incentivo para la investigación filosófica no tiene que provenir de las filosofías,

Esto significa, por tanto, que el método fenomenológico es radicalmente opuesto a cualquier reduccionismo, a cualquier intento de explicar un fenómeno afirmando que no es sino otro fenómeno totalmente distinto. No se puede, pues, explicar la justicia afirmando que no se trata más que de una manifestación del resentimiento de los débiles contra los fuertes.[8] En dos palabras, la fenomenología constituye un método que nos lleva a ver las esencias, las cosas en sí mismas y que, por consiguiente, se esfuerza por no reducir los datos a fenómenos completamente diferentes.

Todo esto pone de manifiesto que la fenomenología no es de suyo idealista. Es muy frecuente que se interprete el método fenomenológico como un método que conduce necesariamente al idealismo trascendental —este es precisamente el malentendido al que anteriormente me refería—. Nada más alejado de la realidad. He intentado

---

sino de las cosas y de los problemas. La filosofía es, sin embargo, por esencia, la ciencia de los verdaderos principios, de los orígenes, de los primeros principios de todo. La ciencia de lo radical también tiene que ser radical en su proceder y desde todos los puntos de vista. Ante todo, no debemos parar hasta haber llegado a principios absolutamente claros, es decir, a problemas totalmente claros, hasta haber adquirido métodos trazados en el sentido propio de esos problemas y al campo último de trabajo en que se dan las cosas con claridad absoluta. Pero nunca hay que renunciar a la ausencia radical de prejuicios ni identificar de antemano «tales» cosas con «hechos» empíricos, cerrando los ojos ante las ideas que, sin embargo, se dan absolutamente, en gran medida, a la intuición inmediata. Estamos demasiado dominados por los prejuicios del Renacimiento. Para el que está verdaderamente libre de prejuicios es indiferente que una afirmación proceda de Kant o de Tomás de Aquino, de Darwin o de Aristóteles, de Helmholtz o de Paracelso. No es imprescindible ver con los propios ojos; pero es preciso no explicar lo visto por la coacción de los prejuicios. A causa de que en las ciencias más destacadas de la época moderna, en las ciencias físico-matemáticas, la parte aparentemente más grande del trabajo proceda de los métodos indirectos, estamos inclinados a sobreestimar los métodos indirectos y a desconocer el valor de la aprehensión directa. Pero justamente es propio de la ciencia de la filosofía, en la medida en que en ella se remonta hasta los últimos orígenes, que su labor científica se mueva en las esferas de la intuición directa, y el paso más grande que tiene que dar nuestra época es reconocer que con la *captación fenomenológica de la esencia,* se abre un campo infinito de trabajo y se presenta una ciencia que, sin todos los métodos indirectos de simbolización y matematización, sin el aparato de pruebas y conclusiones, adquiere, sin embargo, una cantidad de conocimientos perfectamente rigurosos y decisivos para toda la filosofía ulterior» (*La filosofía como ciencia estricta,* trad. de E. Taberning, Nova, Buenos Aires, 1962, p. 7).

[8]   «This method [el método reduccionista] does not merely give false causal explanations of things. Reductionist explanations also tend to *identify* the given being with its alleged cause, usually á la *baisse;* justice is nothing but the *ressentiment* of the weak against the powerful; love is nothing but *libido* as unlimited pleasure-seeking» (J. Seifert, *Back to the Things in Themselves. A Phenomenological Foundation for Classical Realism*, Routledge and Keagan Paul, Londres, 1987, p. 22).

mostrar que la reflexión fenomenológica si se caracteriza por algo es por su esfuerzo por dejar a la realidad ser tal como es, por acercarse a ella con una visión libre de prejuicios, por intentar hacer justicia a aquellos objetos que poseen una necesidad interna absoluta y una inteligibilidad plena. Este, y no otro, es el método de la intuición de esencias que se utiliza en *¿Qué es y qué motiva una acción moral?* No se trata de ningún tipo de inspiración mística, sino de un acercamiento a lo que de esencial tienen las cosas que requiere largos esfuerzos.[9]

2. LA ÉTICA MATERIAL DE LOS VALORES EN *¿QUÉ ES Y QUÉ MOTIVA UNA ACCIÓN MORAL?*

Si se lee detenidamente la obra de Josef Seifert que presentamos, puede apreciarse que el autor defiende la existencia de valores en tanto que *a priori* material objetivo. No es este es el lugar adecuado

---

[9]   Son muchos los textos —y no solamente de fenomenólogos— en los que se puede apreciar este método de la intuición de esencias. Baste, por ejemplo, pensar en los análisis que se encuentran en obras como *La República*, *Fedón*, etc., de Platón, los *Analíticos posteriores* de Aristóteles, las consideraciones acerca del tiempo contenidas en *Confesiones* de san Agustín, etc. En la medida en que estos autores intentan reflexionar sobre esencias tales como la justicia, el conocimiento, la naturaleza de los principios lógicos, el tiempo, etc., desde una actitud de sincera apertura, en esa misma medida se los puede considerar protofenomenólogos. «En la fenomenología, cuando queremos romper con las teorías y construcciones, cuando nos esforzamos por volver a las cosas mismas, a la pura y oculta intuición de las esencias, no se concibe por ello la intuición como una inspiración e iluminación repentinas […]. Se requieren grandes y peculiares esfuerzos para, desde la lejanía en que por sí estamos de los objetos, obtener una aprehensión clara y distinta de ellos; precisamente en virtud de esto hablamos de método fenomenológico. Se da aquí un acercamiento cada vez mayor, y en este camino se dan también todas las posibilidades de engaño que todo conocer lleva consigo. También las intuiciones de las esencias han de lograrse a base de esfuerzo; y este trabajo responde a la imagen que describe Platón en el *Fedro* de las almas que han de *ascender* con sus carros al cielo para contemplar las Ideas» (A. Reinach, *Introducción a la fenomenología*, trad. de R. Rovira, Encuentro, Madrid, 1986, p. 67). Sobre el método de la intuición de esencias, cf. E. Husserl, *Ideen zu einer reinen Phänomenologie und phänomenologischen Philosophie*, 1.ª ed., Karl Schuhmann, *Husserliana,* vol. III/1, Den Haag, 1976 (*Ideas relativas a una fenomenología pura y a una filosofía fenomenológica*, 3.ª ed., Madrid, 1985, párr. 7 y ss.); J. Seifert, *Back to the Things in Themselves. A Phenomenological Foundation for Classical Realism*, *op. cit.*, 1.ª parte; del mismo autor, *Erkenntnis objektiver Wahrheit*, *op. cit.*, epílogo a la 2.ª edición; del mismo autor, *Essere e Persona. Verso una fondazione fenomenologica della metafisica classica*, Vita e Pensiero, Milán, 1989; F. Wenisch, *op. cit.*, y D. von Hildebrand, *What is Philososophy?* 3.ª ed., Routledge and Keagan, Londres, 1991.

para una exposición detallada de los fundamentos de la ética material de los valores que subyacen en *¿Qué es y qué motiva una acción moral?* No obstante, me referiré esquemáticamente a algunos puntos básicos.

El mundo de los valores morales se nos presenta con una peculiaridad y seriedad propias. Para comprender mejor esta esfera, es necesario sumergirse en ella con una actitud de admiración y, por tanto, de renuncia a explicaciones precipitadas. Es necesario ser fieles al dato moral que puede ofrecerse en la vida cotidiana, en la literatura, etc.

Vamos a intentar adentramos brevemente en este mundo considerando tan solo dos experiencias que D. von Hildebrand analiza en su *Ética*.

> Supongamos, en primer lugar, que alguien nos elogia. Quizá nos demos cuenta de que no lo merecemos totalmente; pero es, sin embargo, una experiencia agradable y placentera. No nos es un asunto indiferente y neutral, como es el caso de que alguien nos diga que su nombre empieza con una T. Puede habernos dicho, antes de este elogio, muchas cosas; cosas que poseen un carácter neutral e indiferente; pero ahora, a diferencia de todas las demás frases, el elogio resalta. Se presenta como algo agradable [...], en suma, como algo importante.[10]

Consideremos, a continuación, la segunda experiencia. Somos testigos de una acción generosa; por ejemplo, el paso al frente que el P. Kolbe da en el campo de concentración ofreciendo su vida a cambio de la de un padre de familia. Prescindamos ahora de las razones que motivaron su acción. También en este caso su acto nos llama la atención, a diferencia de lo que ocurre en una actividad neutral de un hombre que se rasca o que enciende un cigarrillo. En efecto, el acto de sacrificio del padre Kolbe brilla como algo notable y valioso; lleva en sí el sello distintivo de la importancia. Nos admira. «No solo nos damos cuenta de que ocurre ese acto, sino de que es mejor que ocurra a que no ocurra; de que es mejor que el hombre actúe de ese modo que de otro. Somos conscientes de que ese acto es algo que

---

[10]   D. von Hildebrand, *Ética*, trad. de J. J. García Nono, Encuentro, Madrid, 1983, pp. 42 y ss.

debe ser, algo importante».[11] Un mundo con este acto es mejor que un mundo sin él.

Nos encontramos, pues, ante dos tipos diferentes de importancia a los que se refieren estos dos ejemplos. En el caso del elogio, se trata de lo solo subjetivamente importante, mientras que en el segundo, el acto de generosidad del P. Kolbe, nos hallamos ante una acción que parece poseer una importancia en sí misma o, lo que es lo mismo, un valor. El elogio posee el carácter de importante solo en la medida en que nos causa placer, mientras que el acto del P. Kolbe es independiente del deleite o del placer que nos provoque. La importancia de este acto, el del P. Kolbe, no surge de su relación con nosotros, sino de su propia dignidad.

Así, en el caso de lo subjetivamente importante, se trata de ser agradable para mí o para ti. Su cualidad reside únicamente en su atracción subjetiva. Lo que a mí me gusta a otro le puede disgustar, y viceversa. Piénsese en el caso del fumar.

Por consiguiente, existe una gran diferencia entre lo importante en sí mismo, el valor, y lo subjetivamente satisfactorio. Se trata de una diferencia esencial. Nos encontramos, pues, ante puntos de vista totalmente distintos. Ahora bien, tanto en la esfera de lo agradable, de lo subjetivamente importante, como en la de los valores se da una escala. Así, no es lo mismo beber agua cuando tenemos sed que beberla en condiciones normales. En este sentido, hablamos de un placer mayor o menor. Se trata aquí de una escala de más a menos en la forma de intensidad o de una gradación según sea el placer físico, espiritual, profundo o superficial.[12] Sin embargo, los conceptos de *superior* e *inferior* que aplicamos a la esfera de los valores tienen otro sentido. Cuando decimos, por ejemplo, que la acción de donar sangre a un amigo que padece leucemia posee un valor más alto que prestar unos apuntes a un compañero, estamos utilizando *más* y *menos* en un sentido diferente a cuando afirmamos que me gusta más comer en un restaurante de lujo que en una taberna. En el primer caso, *superior*

---

[11] D. von Hildebrand, *op. cit.*, p. 43.

[12] En este sentido, los hedonistas, que sostienen que el fin último del hombre es la consecución de la mayor cantidad de placer, elaboran una lista de criterios para discernir los placeres. Así, Aristipo, por ejemplo, habla de la intensidad del placer, de su duración, de su pureza, de la facilidad para conseguirlo, etc.

equivale a *más noble*. En el segundo, a *placentero*. Resumiendo, podríamos decir que lo subjetivamente satisfactorio tiene escala y los valores, jerarquía. Por tanto, la diferencia entre los dos tipos de importancia es una diferencia esencial.

Ahora bien, los valores exigen de nosotros una respuesta adecuada. Cuando nos enfrentamos a algo intrínsecamente importante, percibimos que los bienes que portan esta importancia exigen una respuesta adecuada. En este sentido, tenemos la impresión de que golpear al *David* de Miguel Ángel no parece una respuesta adecuada a la belleza objetiva de esta estatua. En cambio, en el caso de lo subjetivamente importante, parece que ocurre algo distinto. Estos nos atraen o nos repelen, pero no percibimos que sea necesaria una respuesta a ellos y queda a nuestra voluntad seguir su invitación o no. Si un plato apetitoso nos atrae, está en nuestro arbitrio seguir esa invitación o no. Sería ridículo que alguien dijera que se ve sometido a la grave obligación de comer en un restaurante lujoso o que ha vencido la tentación de perdonar a otra persona. La invitación del valor es totalmente distinta.

Por otra parte, la diferencia entre estas dos clases de importancia se refleja también con claridad en el tipo de respuesta que les damos. Volvamos a nuestros ejemplos anteriores: al considerar la acción del P. Kolbe, experimentamos entusiasmo ante el valor heroico de su acción. Este entusiasmo se traduce en una entrega de nosotros mismos a los valores y en un intento de transcender nuestro egoísmo. En el caso de un interés en algo solo subjetivamente satisfactorio —por ejemplo, satisfacer nuestro apetito comiendo en un restaurante—, se trata de una adaptación del objeto a nosotros. Se trata de una relación que no tiene el carácter de una verdadera entrega.

Pero ahora demos un paso más. ¿Qué diferencia existe entre la felicidad que experimentamos cuando oímos un elogio o cuando, por ejemplo, teniendo sed, bebemos un vaso de agua y la felicidad que sentimos al llevar a cabo un acto de generosidad o perdonamos a aquel que nos ha ofendido? La diferencia que existe entre ambos tipos de felicidad no es una diferencia de grado, como si la felicidad experimentada al beber un vaso de agua fría fuera cuantitativamente inferior al gozo que sentimos al regalar algo a alguien. No. Se trata de una diferencia esencial o, lo que es lo mismo, de dos felicidades totalmente distintas. La pura satisfacción subjetiva sin relación alguna con los valores objetivos es una felicidad vacía. Así, por ejemplo, el placer sexual ha de ser buscado por cuanto es expresión y cumplimiento de un amor que responde al valor. Por otra parte, si toda nuestra vida estuviera orientada a la felicidad en el primer sentido, a una felicidad egocéntrica, esta acabaría destruyéndose a sí misma. Dicho con otras palabras, una felicidad sin valores es una felicidad vacía. Por el contrario, la participación de lo valioso en sí, de lo intrínsecamente importante, nos proporciona una felicidad más profunda y nos eleva. Sabemos que en todo hombre existe este deseo de entregarse a algo importante en sí mismo.

Por último, podríamos preguntarnos por el modo de captación de estos valores. En la respuesta a esta pregunta, la ética fenomenológica de los valores se divide. Hildebrand —el maestro de Seifert— y H. Reiner mantienen una postura cognoscitivista, es decir, piensan que las proposiciones morales son expresiones de actos de conocimiento, de actos en los que el sujeto capta realmente algo distinto de él. Además, se trata de una captación directa, inmediata, a diferencia de los racionalistas, que piensan que, por ejemplo, el disvalor moral presente en el estado de cosas «asesinato» es captado tras un razonamiento. Hildebrand y Reiner consideran que se trata de una captación intelectual (aunque con una serie de exigencias propias), mientras que Scheler y Hartmann consideran que se trata, más bien, de una captación emocional. Así, por ejemplo, Scheler habla de un sentir intencional frente a otros sentires, como, por ejemplo, el mal humor, que no parecen tener una referencia intencional determinada.[13]

3. ESTRUCTURA DE LA OBRA

El objetivo fundamental de esta introducción es diseñar el marco filosófico en el que se encuadra una obra como la que aquí presentamos. Si se atiende a su estructura, podrá apreciarse su gran sencillez, lo cual

---

[13] Cf. J. M. Palacios, «El conocimiento de los valores en la ética fenomenológica», *Pensamiento*, 26 (1980): 287-302.

no quita un ápice a su profundidad, porque, como en alguna ocasión se ha dicho, la claridad es la cortesía de la inteligencia.

Si tuviera que resumir en tres ideas el contenido de la obra, señalaría las siguientes:

1. Es necesario distinguir entre motivos primarios y motivos secundarios del obrar moral.
2. No existe un único motivo primario, sino varios (la importancia del objeto de la acción, la obligación moral, el valor moral de la propia acción, etc.).
3. El hombre no puede renunciar a su felicidad a la hora de actuar moralmente. Por ello, la felicidad desempeña el papel tanto de consecuencia superabundante de la acción moralmente buena como, sobre todo, de motivo secundario del obrar moral.

En este orden de cosas, la primera parte del libro tiene como objeto la clarificación de conceptos tan fundamentales como *acción*, *acción moral* y *motivo*. En la segunda parte de la obra —y central—, se analizan las principales teorías acerca de la motivación moral. Así, se consideran tanto aquellas teorías que se fijan en el objeto de la acción como aquellas que estudian las motivaciones subjetivas, como, por ejemplo, la teoría moral kantiana. El hilo conductor de estos análisis es la insuficiencia de la consideración de que es solo uno el motivo de la acción moral. Por ello, el análisis de cada una de las teorías intenta mostrar su insuficiencia respectiva. El último apartado es el dedicado al estudio del papel que desempeña la felicidad en el obrar moral. Aquí nos encontramos con una interesantísima cuestión. ¿Hasta qué punto es posible un amor puro, en el sentido de un amor absolutamente desinteresado por la propia felicidad? ¿No sucede que los valores morales surgen a la espalda del acto moral y que toda pretensión de hacerse moralmente bueno (o moralmente feliz) es fariseísmo —como, por ejemplo, Max Scheler señaló—? Seifert salva este punto haciendo una interesantísima distinción, a saber, la felicidad no es solo consecuencia superabundante del obrar moralmente bueno, sino que también es motivo secundario de la acción moral. Prefiero no añadir ningún comentario más para que sea el lector el que se enfrente con estas apasionantes cuestiones.

4. ALGUNAS OBSERVACIONES SOBRE LA TRADUCCIÓN

Para terminar esta introducción, quisiera hacer una breve referencia a algunos términos que aparecen en la edición original de *¿Qué es y qué motiva una acción moral?* y al modo en que han sido traducidos al castellano.

En primer lugar, uno de los términos que aparece constantemente es *Wesenseinsicht*. Esta palabra posee un matiz visual que en castellano no es tan evidente como en alemán. Como es sabido, el término alemán *einschauen* indica 'mirar dentro' y *Wesen* significa 'esencia'. Me ha parecido que la expresión castellana que más se asemeja a lo que quiere decir *Wesenseinsicht* es *intuición de esencias*.

Un término muy frecuente en la literatura fenomenológica, en general, y en *¿Qué es y qué motiva una acción moral?*, en particular, es *Sachverhalt*. Este vocablo fue vertido al castellano como *situación objetiva* en la traducción de García Morente y Gaos de *Investigaciones lógicas* de Husserl, así como, más recientemente, en la versión castellana de la conferencia *Ueber Phänomenologie* de A. Reinach, a cargo de R. Rovira. J. Pérez Bances, el traductor de *Lógica* de A. Pfänder, fue más allá al traducir *contenido objetivo*. Por su parte, Tierno Galván, en su edición del *Tractatus* de Wittgenstein, tradujo *Sachlage* por *estado de cosas* y *Sachverhalt* por *hecho atómico*. En sus *Investigaciones psicológicas,* Ortega habla de *objetos estructurales*. Nosotros creemos que la expresión *estado de cosas* es más adecuada para *Sachverhalt*, no solamente por su literalidad, sino porque refiere mejor que cualquier otra lo que realmente quiere decir. Así se refleja también en las traducciones inglesas de este término como *state of affairs* o *state of fact*.[14]

Un estado de cosas es el correlato objetivo de un juicio, aquello a lo que se refiere. Este correlato nunca puede ser una cosa, un objeto, sino una objetividad sintáctica de la forma «ser-b-de A» distinta tanto del juzgar mismo, la vivencia judicativa, como del contenido ideal del acto de juzgar (la significación proposicional idéntica). Por consiguiente, toda teoría del juicio ha de partir de la diferenciación de

---

[14] Sobre el surgimiento histórico de este concepto, cf. B. Smith, «Sachverhalt. Eine begriffsgeschichtliche Untersuchung», en *Forschungsberichte und Mitteilungen*, Heft 14; «Logic and the *Sachverhalt*», *The Monist*, 72, I (1989): 53-69.

estas tres capas o elementos fundamentales: la de los actos de juzgar, la de la proposición o juicio y la del estado de cosas juzgado.

Los juicios son actos en los cuales, a través de una proposición, afirmamos que un estado de cosas existe o es de tal o cual modo. Por su parte, la proposición, el juicio en sentido lógico, es aquello de lo que se predica la verdad o falsedad, dependiendo de si corresponde con el estado de cosas en cuestión o no. De este modo, la posibilidad de un juicio verdadero depende de dos tipos de condiciones: de la corrección de la forma del juicio y del existir de una objetividad que es mentada en el juicio: el estado de cosas.[15]

Por último, tan solo me queda agradecer a la universidad Francisco de Vitoria el interés mostrado por la publicación de la traducción castellana de *¿Qué es y qué motiva una acción moral?* Estoy convencido de que su publicación constituirá una valiosa aportación al panorama de la filosofía moral de nuestro ámbito lingüístico. Quisiera mostrar también mi agradecimiento al propio autor, el profesor Josef Seifert, el cual en todo momento se ha interesado vivamente por que esta traducción saliera a la luz. Asimismo, es de justicia agradecer a Rogelio Rovira y a Melchor Sánchez de Toca el cuidado mostrado en la revisión final de mi traducción.

MARIANO CRESPO

---

[15] Cf. E. Stein, *op. cit.*, p. 103 y ss.; K. Mulligan, P. Simons y B. Smith, «Truth-Makers», *Philosophy and Phenomenological Research*, 1984. «The *Sachverhalt is* a truth-making segment of reality that is «thrown into relief» trough an act of judgement» (B. Smith, «Logic and the *Sachverhalt*», *op. cit.*, p. 63). M. Crespo, «En torno a los estados de cosas. Una investigación ontológico-formal», en *Anuario Filosófico,* XXVIII/1, 1995, pp. 143-156, Universidad de Navarra, Pamplona.

Nota a la segunda edición

La segunda edición de *¿Qué es y qué motiva una acción moral?* constituye una revisión de la traducción aparecida en 1995 en esta misma editorial y tiene en cuenta las modificaciones introducidas por el autor en la versión en inglés de esta obra, que, vertida a ese idioma por Fritz Wenisch, apareció en 2017 con el título de *The Moral Action: What is it and How is it Motivated?* Ciertamente, dichos cambios no alteran la sustancia de la edición alemana original, sino que precisan algunas explicaciones y, sobre todo, tienen en cuenta la abundante bibliografía del autor, así como de otros filósofos, aparecida en los años que transcurren desde 1975 a 2017.

En relación con las citas, he tenido en cuenta, cuando las hay, las versiones más recientes al castellano de las obras indicadas. Es lo que sucede, por ejemplo, con la *Ética* de Dietrich von Hildebrand, la cual es citada aquí teniendo en cuenta la segunda edición, de 2020. Por último, he de notar que he preferido indicar toda la información bibliográfica de las obras citadas por el autor en la bibliografía final, omitiendo dicha información en las notas al pie.

Por último, quiero agradecer a la editorial de la Universidad Francisco de Vitoria, así como al propio profesor Seifert la buena disposición a acoger esta segunda edición de *¿Qué es y qué motiva una acción moral?*

MARIANO CRESPO
Universidad de Navarra

Sobre este libro

El presente trabajo constituye una versión, esencialmente ampliada, de la conferencia pública que pronuncié, con ocasión de mi habilitación, en la Universidad Ludwig Maximilian de Múnich en enero de 1975.

Los principales métodos utilizados en lo que sigue para los análisis éticos son intuiciones intelectuales de esencias necesarias y percepciones de estados de cosas fundados en estas esencias, así como argumentos construidos a partir de estas últimas.[1]

Este método se apoya en las obras de los filósofos clásicos, como Parménides, Platón y Aristóteles, y en las de hoy día, doquiera que se encuentran resultados filosóficos genuinos. En el movimiento fenomenológico original de los círculos de Múnich y Gotinga (a través de primeros pensadores como E. Husserl, A. Reinach, A. Pfänder, M. Scheler, D. von Hildebrand y otros), el método de la intuición de esencias, aplicado de manera sistemática, ha demostrado ser, en contra de las objeciones que le han hecho Kant y Hume, el método básico clásico de todo filosofar auténtico.

En cuanto a la explicación y justificación de este método, remito al lector al capítulo cuarto de la obra de D. von Hildebrand *¿Qué es filosofía?*,[2] así como a la de J. Seifert, *Erkenntnis objektiver Wahrheit*

---

[1]   Para un análisis más amplio de tres tipos de métodos filosóficos y sus subdivisiones, muchas de las cuales se utilizan en este libro, véase Josef Seifert, *Discours des méthodes. The methods of philosophy and realist phenomenology* (*Discurso de los métodos de la filosofía y la fenomenología realista*).

[2]   Este libro de Hildebrand fue publicado originalmente en inglés por The Bruce Publishing Company, Milwaukee, 1960. Posteriormente, en 1991, fue publicado por Routledge con

(*Conocimiento de la verdad objetiva*). En la obra mencionada en último lugar, especialmente en el apéndice añadido a la segunda edición, el método de la intuición de esencias se elabora en discusión crítica con posiciones filosóficas trascendentales y neopositivistas. Al mismo tiempo se defiende contra numerosas objeciones y malentendidos como la sospecha de dogmatismo, la acusación de incapacidad para la argumentación y de partir de presupuestos irracionales y fideístas, etc.[3]

Mientras que las motivaciones empírico-reales solo pueden investigarse mediante métodos como la introspección, la interpretación psicológica profunda de los motivos reprimidos o los métodos simbólico-interpretativos, sociológicos y estadístico-empíricos, el conocimiento filosófico de la *esencia* inteligible de la acción moral y de su motivación, que debe estar presente —y que la convierte en una auténtica acción moral—, se basa en el método de la intuición, sistemáticamente desplegada, de esencias.

Al lector que no se deje convencer de la validez de este método cuando se intenta aplicar a problemas éticos o que, influido por el clima filosófico actual en muchas universidades, desconfíe del modo con que en lo que sigue se afirman y establecen válidamente estados de cosas éticos objetivos y necesarios, lo remito a las obras epistemológicas que se acaban de mencionar y a la bibliografía citada en ellas.

La ética en sentido propio es imposible sobre la base de una epistemología que rechace el conocimiento de las estructuras objetivas y necesarias de las esencias, pues la ética solo es posible si se puede comprender la esencia universal de los actos morales, de su motivación, del deber objetivo y de sus fuentes. De lo contrario, solo se puede llevar a cabo un examen psicológico de las experiencias y de los motivos, exámenes sociológicos relativos a los cambios de conciencia, análisis del lenguaje ético y cosas similares. Así, en el caso de pensadores que, siguiendo a D. Hume, rechazan todo conocimiento *a priori* de esencias, como A. J. Ayer, R. Carnap, M. Schlick, C. L. Stevenson,

---

un ensayo introductorio de Josef Seifert. La edición más reciente es la siguiente: *What is Philosophy?* Introducción de Robert Sokolowski, Hildebrand Project, Steubenville, 2021. Posteriormente, fue traducido al alemán (*Was ist Philosophie?*, Habbel Kohlhammer, Stuttgart, 1976) y al castellano (*¿Qué es filosofía?*, trad. de A. Herrera, Encuentro, Madrid, 2000).

[3] Véase también, del mismo autor, *Back to Things in Themselves. A Phenomenological Foundation for Classical Realism* y Fritz Wenisch, *Die Philosophie und ihre Methode* (*La filosofía y su método*).

W. K. Frankena, R. M. Hare y otros, no encontramos una ética en
sentido genuino, sino una sustitución de esta por el tipo de investigaciones arriba mencionadas. Si tales investigadores llegan a un
conocimiento ético genuino o incluso formulan tesis específicamente
éticas, esto solo puede ocurrir abandonando sus propias posiciones
epistemológicas, por tanto, presuponiendo o aplicando el conocimiento de estructuras inteligibles de esencias de la realidad moral, las
cuales se sustraen a métodos de conocimiento puramente empíricos
o analíticos del lenguaje.

Desde la primera publicación de esta obra, hace exactamente
cuarenta años, he publicado muchas otras obras éticas. La más significativa y voluminosa de ellas trata de los fundamentos de la ética
médica, a la que pronto seguirá una extensa obra sobre diferentes
cuestiones concretas de ética médica.[4]

JOSEF SEIFERT

---

[4] Véase Josef Seifert, *The Philosophical Diseases of Medicine, and Their Cure. Philosophy and Ethics of Medicine*, vol. 1: *Foundations. Philosophy and Medicine*.

Introducción

La pregunta ¿qué motiva una acción moral? equivale a ¿cuál es la esencia de una acción moral?, pues la sustancia moral de una acción no depende solo de cómo se desarrolla externamente la acción o de los factores objetivamente relacionados con ella, sino que depende también de las razones y motivos internos de la acción. Por ejemplo, dar una gran suma de dinero a los necesitados no es en sí mismo una acción generosa. Más bien, se convierte en una acción tan solo por la presencia de ciertos motivos en el agente o porque las realidades implicadas en el fin lo motivan de manera correcta.

La motivación de una acción no solo determina decisivamente *si* una acción es moralmente buena o no; también se responde en gran medida a la pregunta de *qué* es una acción moral señalando cuál es el motivo de esta o cuál debería ser. Cuestiones como, por ejemplo, qué factores deben motivar una acción para ser moralmente buena o si los seres humanos, cuando llevan a cabo acciones morales, aspiran siempre a su propia felicidad como su fin último de modo tal que permanecen, por así decir, atrapados en su propia tendencia a la felicidad, o si, por el contrario, los seres humanos, cuando realizan una acción moral, son capaces de una trascendencia y auto-entregas únicas, conciernen tanto a la motivación como a la esencia más íntima de la acción moral

Además, la cuestión de la motivación de una acción moral puede entenderse de distintas maneras. Se puede preguntar simplemente por el motivo real de una acción moral. Esta cuestión es ante todo empírica y psicológica. Pertenece a la ética solo en la medida en que se pregunta cuáles son los *tipos básicos* de motivos de hecho de las acciones morales y en la medida en que se distingue las motivaciones morales de las inmorales. Sin embargo, también cabe preguntarse qué debe motivar una acción moral, cuáles son las motivaciones que hacen que una acción moral sea moralmente buena. Esta cuestión es específicamente ética. No obstante, la investigación que sigue se limita a una «parte» de esta cuestión ética fundamental. Al mismo tiempo, se incluirán en la investigación muchos elementos relativos a la esencia de la acción moral que van más allá de la motivación como, por ejemplo, ¿cuáles son los factores objetivos de la acción moral que, están más allá de la motivación del agente, pero que deben motivar al agente para que actúe moralmente? En relación con esto, nos preguntaremos simultáneamente cómo, en qué aspectos y en qué orden de precedencia deben motivar al agente estos factores objetivos para que podamos hablar de acción moral. En este sentido, podemos considerar la pregunta ¿qué motiva una acción moral? como una pregunta fundamental de la ética, una pregunta que penetra profundamente en la esencia de la acción moral. El ensayo que sigue aportará una modesta contribución al esclarecimiento de este problema.

Antes de proceder a responder a esta pregunta, debemos aclarar al menos brevemente los conceptos que contiene o, más bien, las realidades a las que se refieren estos conceptos. Evidentemente, no podemos presentar una teoría detallada de la acción y la motivación.

1. ¿QUÉ ES UNA ACCIÓN?

Para empezar, quiero señalar que utilizo el término *acción* solo en el sentido de un tipo de actuar libremente, y de actuar libremente que realiza algún estado de cosas más allá de nuestro acto en sí. Excluimos de nuestro análisis las múltiples formas de crear, procrear, producir, fundar, etc., que no tienen por objeto realizar estados de cosas, sino obras, cosas, personas, comunidades, etc. Distinguiendo el hacer (así como el crear/procrear) del actuar, investigamos en lo que sigue solo el actuar, no el hacer/crear libre, que comparte muchas características con el actuar, pero difiere de él por tener como objetivo traer a la existencia (o servir para traer a la existencia) cosas, seres, personas, comunidades, etc., en lugar de solo estados de cosas: el ser (o no ser)-B-de-un-A (el ser-rojo-de-una-rosa o el no ser-rojo-de-una-rosa).

Una acción se caracteriza ante todo por ir «más allá de sí misma». No solo algo se hace real en el sujeto agente, como una actitud o una toma de posición interna, sino que una acción en sentido pleno se dirige a un estado de cosas que es independiente del sujeto, esto es, se dirige a la realización de algo que es externo al agente. Esta nota distingue a una acción no solo de una «toma interna de posición» y de las actitudes como tales, sino también de actividades inmanentes, como correr, caminar y otras. Además, para poder hablar de acción en sentido estricto, el estado de cosas que se realiza mediante esta debe tener cierta importancia. Por otra parte, la acción no debe ser meramente habitual. Por lo tanto, no se puede llamar *acción* a arrojar piedras a un lago ni a comer o cepillarse los dientes, aunque en ellas se realicen estados de cosas distintos de las propias actividades (la caída de piedras a un lago, la limpieza de los dientes, la nutrición del cuerpo, etc.). La razón es que o bien los estados de cosas que realizar son demasiado poco importantes, o bien la actividad es demasiado habitual y corriente, o bien se dan ambos casos simultáneamente.

Además del rasgo de ser transeúnte (que va más allá del sujeto agente), una acción se caracteriza por el hecho de que dos cosas se hacen reales en el agente. En primer lugar, se hace real la toma interna de posición ante un estado de cosas, la respuesta a su significado, a su importancia. En segundo lugar, tiene lugar el acto de querer realizar el estado de cosas, un acto que existe —en la mayoría de los casos, tras un acto precedente de deliberación—[1] primero en forma de resolución o intención de llevar a cabo la acción. Posteriormente, en el momento adecuado, este acto de querer alcanza plena realidad en la forma de aquellos actos volitivos y órdenes que han de iniciar las

---

[1]   La filosofía escolástica ha examinado con especial cuidado los momentos de la intención (*intentio*), de la deliberación (*consilium*) y otros. Véase santo Tomás de Aquino, *Suma de teología*, I-IIae, qq. 12-14. Aquí no podemos entrar en un examen más detallado de los rasgos característicos y del papel de estos y otros elementos.

actividades físicas y mentales mediante las cuales ha de realizarse el estado de cosas en cuestión.[2]

Por último, encontramos, en la acción, la realización real del estado de cosas y, en el agente, una vivencia correspondiente de esta realización. Incluso en los casos en que está presente la voluntad de realizar el estado de cosas puede faltar esta parte final conclusiva de la acción, ya que depende siempre de factores que no están bajo el control exclusivo del agente. La acción puede ser impedida por muchas circunstancias o accidentes puramente externos. Como veremos, este elemento final de

---

[2] Véase, sobre este punto, D. von Hildebrand, *La idea de la acción moral*, y, sobre todo, *Ética*, pp. 333 y ss., 353 y ss. Allí se distingue cuidadosamente la dimensión de la voluntad como toma de posición, la primera perfección de la voluntad, de la (segunda) perfección de la voluntad como dueña de la acción. Para un estudio más profundo, recomiendo, sobre todo, la investigación de la libertad y de las dos dimensiones de la voluntad que allí se lleva a cabo, temas que aquí solo se tratan brevemente. Véase también Josef Seifert, «In Defense of Free Will: A Critique of Benjamin Libet»; «Can Neurological Evidence Refute Free Will? El fracaso de un análisis fenomenológico de los actos en la negación del «libre albedrío positivo» de Libet» y «To be a person. To be free».

Sin embargo, parece que la segunda perfección de la voluntad se limita, sobre todo, a las acciones y que no está tan incondicionalmente unida a la primera perfección de la voluntad como la presenta la *Ética* de Hildebrand. Escribe: «El término "voluntad" no se usa siempre en el mismo sentido, sino que, a veces, se emplea en un sentido amplio y, otras, en un sentido restringido. Usado en el sentido amplio, paree aplicarse a todas las respuestas, sean volitivas o afectivas. [...] Cuando lo usamos en un sentido más estricto, con "voluntad" nos referimos solamente a un acto específico que está en la base de todas las acciones», p. 238.

Además, escribe: «La esencia específica de la voluntad [en sentido estricto] se encuentra en su doble tema: la importancia del objeto y su venida a la existencia mediante nuestra propia actividad. Así pues, la voluntad se distingue, además, de las respuestas teóricas en que se refiere a algo que todavía no es real (aunque realizable en principio e incluso realizable gracias a mí)» (ibíd., pp. 240-241.) En la nota 10 (ibíd., p. 240), el propio Hildebrand limita considerablemente esta posición cuando señala actos que él denota como una ramificación del centro libre, y no como respuestas en sentido estricto (actos como dar a conocer algo, prometer, obedecer y otros), a los que, sin embargo, atribuye libertad en sentido estricto. En el pasaje más decisivo, sin embargo, escribe sobre la respuesta de la voluntad: «La segunda perfección, la capacidad de intervenir en el mundo que nos rodea, está profundamente relacionada con la palabra interior específica de la respuesta volitiva. Vimos antes que solo los estados de cosas objetivos aún no realizados —pero realizables— pueden llegar a ser objetos de nuestra voluntad. Hemos de añadir ahora que, para que podamos querer un objeto, este tiene que ser realizable, no solo en principio, sino que ha de mostrarse como accesible a nuestro poder» (ibíd., p. 336). A esto hay que responder que en la libre toma de posición, en las virtudes, en los actos libres de aceptación del sufrimiento y en otros actos, podemos encontrar la primera perfección de la voluntad sin que la voluntad se relacione inmediatamente con la segunda perfección de esta o sin que la voluntad se relacione exclusivamente con estados de cosas aún no realizados. Véase también la nota 6.

la acción —que aparece como el más decisivo desde un punto de vista extramoral o utilitarista— es irrelevante para el valor moral de una acción, algo que no reconoce ninguna forma de consecuencialismo.[3]

Estrechamente relacionado con lo que acabamos de decir está el hecho de que en cada acción se presupone un estado de cosas que todavía no se ha realizado y que se caracteriza por su importancia. Podemos dirigirnos hacia tal estado de cosas también en la espera o en el deseo. Para una acción, sin embargo, se requiere también que el agente tenga, al menos en su opinión, el poder de realizar el estado de cosas. Si no es así, el acto de querer la realización del estado de cosas ni siquiera puede llegar a existir.[4] Por lo tanto, para que tenga lugar

---

[3] Cuando empleamos el término *utilitarismo*, no nos referimos a la mezcla de hedonismo y utilitarismo que encontramos en los representantes clásicos del utilitarismo, como en J. Bentham, y que J. S. Mill resume en *Utilitarianism*, p. 210 (contenida en el volumen X de *Collected Works of John Stuart Mill*, editado por J. M. Robson), de la siguiente manera: «El credo que acepta como fundamento de la moral la Utilidad, o el Principio de la mayor Felicidad, mantiene que las acciones son correctas (*right*) en la medida en que tienden a promover la felicidad, incorrectas (*wrong*) en la medida en que tienden a producir lo contrario a la felicidad. Por felicidad se entiende el placer y la ausencia de dolor; por infelicidad, el dolor y la falta de placer» (*El utilitarismo*, pp. 46-47). Este hedonismo, sostenido por la ética utilitarista clásica, es criticado incisivamente por G. E. Moore en su *Principia Ethica* (véase el capítulo III). Sin embargo, G. E. Moore comparte totalmente con los utilitaristas clásicos el principio decisivo del utilitarismo, que también podríamos llamar *ética del éxito* (véase la obra citada, capítulo V). Este principio consiste en considerar que el valor moral y el deber moral de una acción dependen de que los efectos (totales) de la acción en cuestión sean los mejores posibles. Así, la esencia de la bondad moral de un acto o de una acción se desplaza a su relación (como medios) con los resultados positivos (efectos). Así es como vemos la esencia del utilitarismo en lo que sigue, tal como se encuentra también en *Situation Ethics*, de Fletcher (véase p. 120 y ss.).

[4] Así lo muestra D. von Hildebrand en su investigación ética de las dos perfecciones de la voluntad (*Ética*, p. 333 y ss.), especialmente en su análisis del modo en que están unidas las dos perfecciones de la voluntad (ibíd., pp. 335-337). Subraya, con razón, que el querer algo, al menos en el sentido estricto de la palabra —es decir, al menos como combinación y unidad interna entre una libre toma de posición de la voluntad y el libre mandar una acción—, solo puede dirigirse a obras aún no realizadas (en todas las formas del hacer) o a estados de cosas aún no reales, pero realizables a través de mí. Para complementar y limitar lo que se acaba de decir, quisiera afirmar que la toma de posición volitiva (primera perfección de la voluntad) puede dirigirse no solo a estados de cosas, realizables a través de mí. Véanse las observaciones anteriores sobre el hacer, el crear/procrear y el actuar. Véanse también los ejemplos citados en la nota 2. Véase también Josef Seifert, «Grundhaltung, Tugend und Handlung als ein Grundproblem der Ethik. Würdigung der Entdeckung der sittlichen Grundhaltung durch Dietrich von Hildebrand und kritische Untersuchung der Lehre von der «Fundamental Option» innerhalb der «rein teleologischen» Begründung der Ethik». Tras la publicación de este libro en alemán, mantuve una intensa y prolongada

una acción se requiere una capacidad, real o supuesta, del agente para realizar el estado de cosas

Sin embargo, hay que hacer la siguiente restricción, con el fin de evitar malentendidos en relación con la voluntad de realizar estados de cosas, ya que es decisiva para las acciones: dentro de la esfera de las acciones encontramos dos posibilidades básicas, *hacer* y *omitir*. La omisión también pertenece a la esfera de las acciones, tanto si se produce en forma de negativa a ceder a una tentación, por ejemplo, o a someterse a un chantaje como si consiste simplemente en dejar de realizar una acción o la negativa a cumplir con el propio deber. Por ejemplo, cuando Sócrates se niega a cumplir las órdenes injustas del Gobierno de Atenas, como relata Platón en su *Apología*, esta negativa explícita a actuar pertenece también al ámbito de la voluntad de realizar y se trata, por así decirlo, de una voluntad negativa de realizar un estado de cosas:

> Y ejercía la pritanía nuestra tribu Antióquide, cuando vosotros quisisteis que se juzgase conjuntamente a los diez generales que no recogieron a los caídos en la batalla que sabéis, modo de juzgar contrario a las leyes, como posteriormente todos considerasteis. En aquella ocasión yo fui el único de los prítanos que se opuso a que procedieseis en desacuerdo con las leyes y el único que votó en contra vuestra. Pese a que los políticos estaban dispuestos a presentar denuncia contra mí y conducirme ante los jueces correspondientes, y a que vosotros los animabais a ello gritando, yo estimé que debía correr aquel riesgo sin apartarme de la ley y de lo justo antes que, por temor a la prisión o a la muerte, asociarme con vosotros en vuestra voluntad de injusticia.[5]

Estas palabras de Sócrates en las que nos habla de su conducta nos llevan a otra pregunta:

---

discusión filosófica con Dietrich von Hildebrand en New Rochelle (N. Y.), en su casa, y llegamos a un pleno acuerdo que se expresó en una corrección de su postura respecto a esta cuestión expuesta en el capítulo 17 de su Ética y en *La esencia del amor*, cap. 2. Dietrich von Hildebrand explicó su cambio de postura en unas notas a pie de página en *Moralia*.

[5] Platón, *Apología*, 32 b, c.

2. ¿QUÉ SE ENTIENDE POR ACCIÓN MORAL?

Aquí debemos comenzar con la experiencia prefilosófica de las acciones morales. Designamos *acciones morales* a aquella parte de la totalidad de las acciones humanas que está conectada con la libertad, la responsabilidad, la conciencia, el mérito y otras características. Llamamos *morales* a aquellas acciones que comúnmente llamamos *buenas*, *loables* o *nobles* y que distinguimos de aquellas muchas acciones humanas a las que no se aplica ninguno de estos predicados, aunque compartan todas las características de una acción, como construir, por razones pragmáticas, una casa nueva o una carretera mejor.[6]

En este contexto, no tomaremos el término *acción moral* tan ampliamente que incluya tanto la acción moralmente buena como la moralmente mala. Más bien, nos limitaremos a la acción moral, es decir, a la acción moralmente buena, en contraste con la acción inmoral.

Además, entre las acciones moralmente buenas, investigaremos solo la esencia y la motivación de aquellas acciones que consideramos *moralmente obligatorias*. Esto no quiere decir en absoluto, como afirma el rigorismo moral,[7] que todas las acciones moralmente buenas

---

[6]   Cuando Moore y Ross subrayaron el carácter «indefinible» de lo bueno y de lo moralmente bueno, consideraron estos como datos primarios irreductibles que no pueden reducirse a nada más o que no pueden definirse a través de nada más. Intentarlo constituiría, de hecho, cometer la falacia naturalista. Sin embargo, pasaron por alto que esta irreductibilidad no impide en modo alguno una comprensión racional y un análisis de la esencia del valor y de la bondad morales. Como consecuencia de esta confusión les falta una delimitación clara de los valores morales de los extramorales así como un análisis de las características esenciales (definición de la esencia) de lo moral y una comprensión clara del valor tal como podemos encontrarlo dentro de la ética del valor. Véase D. von Hildebrand, *Ética*, caps. 3 y 15. Véase también la excelente apreciación y crítica de la ética de Moore en Alice von Hildebrand, «Near-Sightedness of Keen Thinkers: A Critical Study of G. E. Moore».

[7]   Véase la crítica del rigorismo en D. von Hildebrand, *Ética*, p. 439 y ss. Sin embargo, también hay opiniones éticas no rigoristas que identifican —al menos según su intención, pero con toda probabilidad también fácticamente— lo moralmente bueno con lo moralmente obligatorio, como la opinión de Hans-Eduard Hengstenberg (véase *Grundlegung der Ethik*, p. 99 y ss.) Para empezar, estamos de acuerdo con Hengstenberg en que lo moral —al menos dentro de la moral humana— tiene siempre un carácter de *deber ser* que hace que sea esencialmente distinto de todas las acciones extramorales. Incluso una acción moralmente buena electiva posee un deber de un modo completamente distinto a una acción extramoral. Hengstenberg señala acertadamente (ibíd., p. 101) que la persona que actúa moralmente, cuando, por ejemplo, salva la vida de otro arriesgando su propia vida,

debe tener en todos los casos subjetivamente la sensación de haber hecho algo que debería haber sucedido, que no podría haber omitido igualmente.

Sin embargo, parece erróneo afirmar que toda acción moral es también objetivamente obligatoria y, además, que subjetivamente el agente debe tener en la acción moral no solo el sentido de hacer algo que debe suceder, sino también algo que es obligatorio. Pertenece, objetivamente, a la esencia de muchas acciones morales derivadas, por ejemplo, de la magnanimidad, de una compasión especial o de una tendencia heroica, el que no sean objetivamente obligatorias. Sobre todo, está esencialmente relacionado con el amor y con los valores morales que le son propios el que la persona que ama haga más de lo que está obligada a hacer. Esto es así no solo en el caso de quien es absolutamente bueno moralmente (bondad divina), sino también en cierto sentido en los seres humanos. Por un lado, el agente (la persona que ama) puede desear hacer por el ser amado más de aquello a lo que está moralmente obligado y tener clara conciencia de que hace más. Por otro lado, la persona por la que se realiza la acción tendrá igualmente conciencia de agradecimiento. A menudo, agradecerá a alguien que la ayuda magnánimamente o le hace un bien con la conciencia misma de que el otro ha hecho algo a lo que no estaba obligado, pero que, sin embargo, era moralmente bueno. Hengstenberg (véase ibíd., pp. 101-102) presenta una caricatura de la acción electiva, de la acción que va, en magnanimidad o bondad, más allá de lo que es obligatorio. Considera este tipo de acciones a la luz de una conducta complacientemente condescendiente que, en efecto, merece ser rechazada. Sin embargo, es un fenómeno básico dentro de la moralidad que exista —a pesar del único deber incluso de la acción moral libremente elegida— todavía un área de bondad que va más allá de lo obligatorio, un área completamente genuina y pura de heroísmo, de entrega libre, de magnanimidad y bondad con respecto a la cual no nos volvemos moralmente culpables si omitimos la acción en cuestión. No podemos discutir con más detalle el problema de la línea divisoria entre los dos tipos de acciones. D. von Hildebrand aporta tanto en Ética como en *Moralia* importantes aclaraciones. Además, Hengstenberg pasa por alto la vivencia del destinatario de una acción de este tipo. Esta no es en modo alguno una vivencia ofensiva, sino que se trata más bien de un regalo conmovedor, que proporciona una felicidad especial a la persona que recibe una buena acción de este tipo la cual es gratuita en el sentido de que no hay obligación de realizarla. Es un reflejo de la experiencia religiosa primigenia de recibir dones de la bondad de Dios totalmente inmerecidos. También es una vivencia primigenia de una persona que ama y que el ser amado le concede, mediante actitudes y acciones moralmente nobles, dones que son más de los que el otro estaba obligado a hacer, que no tenía obligación de realizar, que hizo por la superabundancia de su amor. Aunque Hengstenberg acepta y expresa claramente su rechazo de tal ámbito electivo de la moral (en esto, cae en el mismo error que Kant, a quien también se refiere; véase ibíd., p. 102), y aunque considero esto un grave error ético, sin embargo, intenta de manera impresionante eludir las consecuencias rigoristas de su teoría (que estaríamos obligados en cada situación a hacer lo que es más noble en sí mismo o lo que es más noble en esta situación). Lo intenta, por un lado, ampliando el ámbito de la acción obligatoria (en la p. 100, por ejemplo, considera obligatorio salvar una vida arriesgando la propia), lo que constituye una tendencia rigorista. Por otro lado, afirma, basándose en su análisis de la situación y del «Kairós» para cada acción moral, que aquellas acciones que yo veo como ejemplos de acciones morales electivas, en la medida en que no deben subsumirse en el ámbito ampliado de las acciones moralmente obligatorias, no tendrían valor moral alguno, sino que constituirían una especie de excentricidad moral.

sean también moralmente obligatorias. Reconocemos plenamente un ámbito de acciones moralmente buenas que pueden incluso constituir la parte suprema del mundo de la moralidad, pero que pueden elegirse libremente u omitirse sin incurrir en culpa.[8] En este ensayo, nos limitaremos a una investigación de las acciones moralmente obligatorias, no porque queramos limitar las acciones morales a las moralmente obligatorias, como se ha hecho a menudo en la historia de la filosofía,[9] sino porque estamos convencidos de que la acción moralmente obligatoria ejemplifica mejor la esencia de la acción moralmente buena. Prescindiremos de los numerosos problemas relacionados con el ámbito de las acciones morales supererogatorias. La tesis de que la acción moralmente obligatoria ejemplifica mejor la esencia de la acción moral no excluye que, para alguien, la belleza de la bondad moral y algunas de sus dimensiones puedan percibirse tan inequívocamente o incluso más claramente en un acto no obligatorio de misericordia o de magnanimidad que en una acción moralmente

---

Hengstenberg evita la consecuencia rigorista a costa de negar que muchos actos moralmente nobles y libremente elegidos tengan valor moral alguno. Así, subsume (en un rigorismo parcial) un área de acciones moralmente meritorias y no obligatorias bajo las acciones moralmente obligatorias. Por otro lado (en la medida en que evita el rigorismo moral), elimina por completo otra gran área de bondad moral de la esfera de lo moralmente bueno.

[8] Esto no quiere decir que no existan acciones moralmente obligatorias que sean también heroicas (como preferir renunciar a la propia vida antes que cometer una acción inmoral), así como acciones que se encuentren entre las moralmente más elevadas (el martirio, por ejemplo) y que sean a la vez moralmente obligatorias. Tampoco se abordará aquí el problema profundamente planteado por Hengstenberg en su *Grundlegung der Ethik*: ¿hasta qué punto encontramos en la vida moral un proceso de «necesitación» a través de la libertad y en la libertad, una «necesitación» a través de la cual, tal como yo lo veo, la frontera de las acciones moralmente obligatorias puede desplazarse de tal modo que en un estadio superior de perfección pueden convertirse en obligatorias muchas acciones que no lo eran en un estadio inferior? Este desplazamiento de la frontera de las acciones moralmente obligatorias se deriva presumiblemente de las obligaciones (por ejemplo, honrar los compromisos que uno ha aceptado y las aspiraciones que uno ha realizado una vez) que pueden resultar de acciones que originalmente se eligieron libremente y no eran obligatorias. Debemos omitir aquí un análisis más detallado de este problema. Ni siquiera podemos formularlo con mayor precisión. Solo cabe subrayar que la diferencia entre las acciones moralmente obligatorias (cuya omisión es culpable) y las acciones moralmente buenas electivas no se disuelve en ningún estadio de perfección moral. Al contrario, a mayor perfección, aumenta también el área que va más allá de lo obligatorio (es decir, no solo el área de las acciones obligatorias).

[9] En la ética del deber de Kant, por ejemplo. Véanse las notas 7 y 8, así como la bibliografía allí citada.

obligatoria. Sin embargo, otras dimensiones esenciales de la acción moral se dan *en sí mismas* principal o exclusivamente en la acción moralmente obligatoria. En esta acción, la esencia filosófica de la moralidad sale a la luz con mayor claridad y puede distinguirse más nítidamente de lo extramoral. Esto se manifiesta también en el hecho de que el carácter moral de las acciones obligatorias es más universalmente reconocido por los éticos y de que, en su mayor parte, se percibe *subjetivamente* con mayor facilidad que el carácter moral de las acciones en las que no hay obligación moral. Esto tiene su origen, en última instancia, en el hecho de que, objetivamente, la parte más *importante* de la moralidad, su núcleo indispensable, coincide en mucho con lo moralmente obligatorio, o más bien con la «necesidad moral» que la caracteriza. Solo las acciones, respuestas y actitudes (virtudes) moralmente *obligatorias* son *indispensable* y *categóricamente* exigibles a la persona. En este sentido, también debemos matizar la observación de que los actos morales supererogatorios «constituyen la esfera suprema de la moralidad» o de que pueden pertenecer a ella.

3. ¿QUÉ ES UN MOTIVO?

En lo que sigue, un «motivo» se entiende como el «porqué» de nuestras respuestas y de nuestra voluntad de realizar estados de cosas o de crear algunas obras (por ejemplo, obras de arte, comunidades, estados, asociaciones, etc.), aunque sea un tipo especial de «porqué».

En primer lugar, solo puede llamarse *motivo* a una razón reconocida o de algún modo conscientemente dada de nuestro querer.[10] Además, los motivos de las acciones humanas pueden ser objetivos,

---

[10]   La cuestión de la motivación inconsciente no puede tratarse aquí en detalle. Solo se subrayará que, por un lado, hay muchas formas de motivaciones inconscientes, si con ello se quiere hacer referencia a todas aquellas motivaciones de las que el agente no se da cuenta claramente él mismo, que no reconoce como tales, que no constata en la reflexión, que no puede nombrar, que no se le dan claramente en la conciencia lateral. Por otra parte, no hay ninguna motivación de la que el agente no tenga absolutamente ninguna conciencia (en la vida consciente actual o en la superactual), porque las razones que estarían absolutamente más allá de la conciencia serían esencial y necesariamente distintas de la motivación, y con ello también fuera de todo actuar moral. Véase también A. Pfänder, *Phänomenologie des Wollens: Motive und Motivation*, pp. 152-153 (*Fenomenología de la voluntad: Motivos y motivación*, pp. 233-234).

es decir, pueden situarse, del lado del objeto, del estado de cosas que realizar. Así ocurre cuando el sufrimiento de una persona torturada y maltratada injustamente nos mueve a acudir en su ayuda. En este sentido, podemos hablar de motivos situados en el lado del objeto (o de motivos objetivos) también cuando nos preocupa una ventaja subjetiva que, sin embargo, se fundamenta en el objeto que la acción debe realizar y que nos motiva (como la ventaja económica que obtiene un hombre de negocios por tratar honestamente a sus clientes). Sin embargo, los motivos también pueden ser subjetivos, en el sentido de que las actitudes y disposiciones existentes en el agente, su amor o su envidia, sus virtudes o sus vicios, funcionan como razones que mueven su actuar. En lo que sigue, no se considerará, o apenas se hará, el importante problema de estos motivos subjetivos y su papel para la ética, al menos en la medida en que un motivo subjetivo se refiere a actitudes especiales o respuestas individuales existentes en una persona que actúa, y siempre que no se entienda como motivo subjetivo la tendencia a la felicidad presente en el interior de cada persona. En lo que sigue, el énfasis principal se pondrá en los motivos objetivos de las acciones.[11] Incluso investigaremos principalmente realidades y factores que, como tales, son totalmente independientes de la motivación del sujeto actuante, pero que deben motivar una acción si esta ha de ser moralmente buena.

Además, un motivo es una razón para nuestro actuar que no produce el querer por sí mismo y que no provoca el querer como si fuera la causa de este último (como es el caso del yo libre). Más bien, un motivo mueve a nuestras acciones de una manera similar a como lo

---

[11] En este contexto, las expresiones *subjetivo* y *objetivo* no pretenden en absoluto ser valorativas, ni los motivos objetivos pretenden presentarse como menos personales. En este sentido, la terminología que he elegido podría malinterpretarse. En aras de la simplicidad y a falta de una forma mejor de expresarse, el término *objetivo* debe entenderse como sigue: designa todos los motivos de una acción que dependen de la situación objetiva de esta (es decir, de la situación que se da independientemente de los distintos sujetos actuantes) y que se exigen esencialmente al sujeto actuante para que se produzca una acción moralmente buena plenamente válida (real). *Subjetivos* designa aquellos motivos que dependen de la persona individual que actúa y que se refieren a actitudes o virtudes (o también, en el caso negativo, a vicios o imperfecciones morales), que van más allá de la acción misma y no están necesariamente conectados con ella. Una explicación más clara de estos conceptos requeriría un análisis más detallado de los diversos tipos de motivos, que no puede ofrecerse aquí.

hace una invitación o un desafío. Los motivos suscitan nuestras acciones de forma análoga a como sucede con una invitación. Esta es la razón de nuestra aceptación o no de nuestra visita, en la medida en que estas no se producirían sin la invitación misma. De nuevo, del mismo modo que la invitación por sí misma no suscita la visita sino solo por medio de la apelación a un acto libre de aceptación de la invitación, el motivo no suscita una acción por sí mismo. El motivo es una razón para la acción solo en el sentido de que apela al agente libre para que inicie la acción libremente, es decir, corresponde al agente utilizar esa fuerza creadora de la libertad, dar existencia a esa libre autodeterminación y proposición de actos a las que apela el motivo.

Por esta razón, un motivo, en sentido estricto, no es en sí mismo un motivo, es decir, un motivo para actuar. Considerado desde el lado del objeto, solo puede verse como una llamada, un llamamiento, una invitación o una obligación a actuar. Se convierte en motivo o razón para actuar solo a través de nuestro libre albedrío, el cual se deja mover por las razones o apelaciones que provienen del objeto. Un motivo es, por tanto, una razón para nuestro actuar solo a través de la libertad, del mismo modo que una invitación puede llamarse realmente una razón para una visita, pero se convierte en una razón solo a través del acto libre de aceptación.[12]

---

[12] Hengstenberg ha visto con especial claridad que la motivación humana procede de la libertad (véase, por ejemplo, *Grundlegung der Ethik*, p. 132 y ss.). Su rechazo del determinismo —un rechazo que corresponde a esta preocupación y con respecto al cual estoy totalmente de acuerdo con él— lo lleva, sin embargo, a la opinión de que el fundamento último de la moral es inmotivado o incluso arbitrario, aunque él lo rechaza en principio (véase ibíd., p. 137). Esto tiene su causa en la incomprensión de Hengstenberg del carácter de la motivación como objetiva, aunque apele a nuestra libertad (véase ibíd., p. 64 y ss., 67 y ss., 132 y ss., 136 y ss.), aunque su análisis de la actitud adecuada al logos de las cosas (*Sachlichkeit*) le abriría un camino hacia esta comprensión. Según Hengstenberg, la motivación procede, en lugar del objeto y de la libertad, de una manera tan unilateral de la libertad que, en último término, deja surgir la acción moral de una predecisión infundada e inmotivada que en sí misma no es moralmente buena. En lugar de ver cómo la motivación pertenece esencialmente a la moralidad y a su fuente última (que Hengstenberg identifica como predecisión) y cómo toda acción moralmente buena debe estar motivada en última instancia por la naturaleza objetiva de las cosas y fundamentada en esta naturaleza para ser moralmente buena, Hengstenberg malinterpreta esto y lo rechaza explícitamente. Es de suponer que esto es así, sobre todo, porque lo considera incompatible con la dependencia simultánea de la motivación de la libre aceptación del sujeto y porque sospecha de un determinismo allí donde no puede encontrarse. Pues la acción moral (y toda la moral)

está esencialmente fundamentada y motivada por el objeto y, al mismo tiempo, libremente llamada a ser por el sujeto. Está fundamentada y motivada por el objeto solo a través de la libertad del sujeto, y no de una manera «determinista-causal». Cuando Hengstenberg califica de *infundada* la actuación moral, o especialmente la pre-decisión, no distingue entre cinco significados completamente distintos de *infundada*: en primer lugar, por *infundada* se puede entender la característica esencial de la libertad según la cual ninguna decisión libre puede explicarse suficientemente por una causa interna o externa al centro de la personalidad que se determina espontáneamente a sí misma, ni siquiera por un motivo o razón objetiva externa al yo libre. En este sentido, toda decisión libre, todo acto libre, es, en efecto, «infundado», un hecho que el determinismo malinterpreta. En segundo lugar, uno puede referirse con »infundado» no simplemente a todos los actos y decisiones libres, sino solo a aquellos actos, actitudes y decisiones fundamentales libres (la predecisión de Hengstenberg a favor o en contra de la «actitud apropiada al logos de las cosas (*Sachlichkeit*»)) pertenece aquí), a partir de la cual otros actos y acciones libres crecen como de una raíz, sin estar por ello determinados, pero también sin la «archilibertad» y el tipo de falta de fundamento de las primeras decisiones libres. Estos últimos contienen, por su parte, el «fundamento» de las acciones que se derivan de ellos. Estas dos dimensiones de la «falta de fundamento» pueden encontrarse también en un acto moralmente bueno y obligatorio que es «necesariamente exigido» por el objeto. Por tanto, ambas formas de «falta de fundamento» son, por tanto, incluso compatibles con que un objeto fundamente plenamente una acción y la haga necesaria. Esta fundamentación consiste en que la persona realizará la acción con una «necesidad» que no toca la libertad de la acción —siempre que se ajuste enteramente a la verdad y a lo que objetivamente debe suceder—. En este sentido, decimos también, por ejemplo, que Dios quiere libremente el bien necesaria y simultáneamente. En tercer lugar, con *sin fundamento* podemos referirnos a aquellas acciones libres y buenas que están, por una parte, fundamentadas y motivadas por el objeto (inspiradas significativamente por el estado de cosas que realizar y por su valor), pero, por otro lado, no claramente prescritas, como todas las acciones libres electivas (véanse notas 7 y 8). Ante estos objetos de acción, la persona moralmente buena también puede elegir libremente. Una creación, por ejemplo, es libre en este sentido. Los actos a los que nos referimos aquí carecen de fundamento en el sentido completamente nuevo de que se deja a la voluntad decidir a favor o en contra de estas acciones. En estos casos, la libertad de la persona, su capacidad absolutamente creadora de «adoptar» espontáneamente, de una determinación libre —no prescrita y determinada por el objeto— es especialmente misteriosa. Mientras que solo podemos decir con respecto a las dos primeras acepciones del término *infundado* que el justo desea evitar toda injusticia, podemos decir con respecto a las acciones electivas (o también con respecto a la creación divina) que la persona actúa aquí por libertad «infundada» en el sentido de que nada le obliga o le ata, que no hay nada que le haga necesario actuar así. (Sin embargo, es posible que incluso en el caso de acciones electivas que están claramente motivadas por una llamada objetiva el elemento de «falta de fundamento» al que aquí se hace referencia pueda quedar fuertemente relegado a un segundo plano). En cuarto lugar, podemos hablar de acciones «infundadas» en un sentido totalmente distinto en el caso de las acciones malas, que también carecen del elemento significativamente objetivo de estar dirigidas y motivadas por la importancia del objeto, como encontramos en el caso de las acciones electivas. La falta de fundamento incluye aquí el elemento de irracionalidad que surge de la contradicción entre la importancia objetiva de un objeto y la posición subjetiva de la voluntad. *Sin fundamento* significa aquí que el agente actúa contra todos los motivos objetivos, contra todos los motivos que están realmente presentes. *Sin fundamento* constituye aquí un contraste con la sabiduría, con la acción sabia y prudente, con el obrar bien. Sin embargo, no constituye un obrar privado de todo motivo comprensible (celos o envidia, por ejemplo).

En quinto lugar, podemos hablar de actuar sin fundamento cuando alguien actúa sin sentido o de forma malvada, pero «sin fundamento» en el sentido de que no hay envidia ni celos, ni ninguna otra razón malvada comprensible que motivara una acción mala no objetiva . *Sin fundamento*, en este último sentido, es la acción de Stavrogin descrita por Dostoievski en *Los demonios*: sin motivo alguno, Stavrogin muerde a su tío en la oreja. *Sin fundamento*, en este último sentido, va de la mano de *arbitrariedad*. Y solo las acciones carentes de fundamento en este último sentido carecen de todo motivo (al menos, de todos los motivos objetivos, es decir, de todos los motivos fundados en el objeto, así como de aquellos motivos que se fundan en una constitución especial del sujeto, pues el motivo de querer afirmarse mediante un acto arbitrario o un motivo similar está presente incluso aquí). Así, cuando Hengstenberg califica el acto básico de la moral, la archidecisión moral (predecisión), como carente de fundamento en el sentido de inmotivado (y, en consecuencia, también como no moral en sí mismo), falsea la esencia del acto moral y, especialmente, del acto moralmente bueno, que es o puede ser carente de fundamento según las tres primeras acepciones de la palabra, pero en absoluto según la última. Para la ética, es importante distinguir con la mayor claridad estos significados diversos de *carencia de fundamento* y, sobre todo, es importante no confundir el primer significado, que puede encontrarse incluso en el acto libre enteramente motivado por el objeto, con el de *sentido de arbitrariedad* y *carencia de motivo*.

Con todo ello, creo que, en este comentario crítico sobre la opinión de Hengstenberg acerca de la libertad, estoy teniendo plenamente en cuenta sus verdaderas intenciones, que apuntan a una completa preservación del libre albedrío frente al determinismo. La letra de la doctrina de Hengstenberg sobre la libertad —no, sin embargo, el espíritu de su enseñanza sobre la «actitud adecuada al logos de las cosas (*Sachlichkeit*)»—, es contraria al principio aplicable incluso a los actos arbitrarios (en el sentido del motivo de afirmarse), y en todo caso, a las acciones con sentido y a las malas, principio cuya verdad puede hacerse evidente y que san Anselmo de Canterbury formuló en *De Veritate* XII de la siguiente manera: «Toda voluntad, así como quiere algo, así también quiere por causa de algo. Pues comoquiera que ha de considerarse qué quiere, así también ha de verse por qué quiere» (*Opera Omnia*, vol. I, pp. 193-194; *Tratado sobre la verdad*, p. 111). Como este *por qué* y *porque* de cada querer y de cada «tomar posición libremente», se puede designar el motivo o la llamada procedente del objeto que se convierte en motivo mediante la libre aceptación.

Véase el detallado estudio de A. Pfänder *Motivo y motivación* y, especialmente, A. Pfänder, *Phänomenologie des Wollens: Motive und Motivation*, p. 141 y ss. (*Fenomenología de la voluntad, Motivos y motivación*, p. 217 y ss.). Allí discute cómo un acto de querer se apoya o se fundamenta de manera única en una «exigencia», un «apoyo» o «fundamentación» que convierte un fundamento potencial en un fundamento real del querer. Asimismo, se distingue la motivación de la causalidad y de otras relaciones. Además, se muestra cómo la motivación presupone «que la causa fenoménica de la verificación de un acto de voluntad no es nunca algo que resida fuera del yo centro, sino siempre tan solo el yo centro mismo» (ibíd., p. 228 y ss.). Por supuesto, si se amplía la noción de *causa* desde las cuatro causas aristotélicas, especialmente desde la causalidad eficiente,

Tras estas explicaciones introductorias, podemos plantear ahora la cuestión básica de este ensayo, la cuestión relativa a la esencia de la acción moral en la medida en que esta esencia se revela a través de la motivación.

a otras causas, específicamente personales, se puede describir la motivación como una causa única y específicamente personal. Véase Josef Seifert, *Essere e persona. Verso una fondazione fenomenologica di una metafisica classica e personalistica*, cap. 9; véase también mi «Persons and Causes: beyond Aristotle» y mi «Persons, Causes and Free Will: Libet's Topsy-Turvy Idea of the Order of Causes and "Forgetfulness of the Person"».

Primera respuesta:
La importancia del estado de cosas que realizar (el objeto de la acción)

Una primera respuesta a la pregunta «¿qué motiva una acción moralmente buena?» es el estado de cosas que realizar, el objeto de la acción, su importancia.

RAZONES QUE APOYAN LA PRIMERA RESPUESTA

Hay dos hechos evidentes que parecen mostrar irrefutablemente que esta respuesta es verdadera. En primer lugar, no es posible ninguna acción moral que tenga como objeto estados de cosas neutrales como, por ejemplo, la cuestión de en qué lado de la carretera se encuentra una determinada piedra . Por tanto, dado que un estado de cosas neutral no puede fundamentar una acción moral, se sugiere la hipótesis de que el peso especial, la importancia especial de ciertos estados de cosas, motivan las acciones morales.

En segundo lugar, la cuestión del tipo de importancia del estado de cosas que realizar —si es positiva o negativa— desempeña, obviamente, un papel decisivo para la diferencia entre acciones moralmente buenas y acciones moralmente malas. Cualquier teoría que niegue esto conduce a consecuencias «monstruosas», como ha demostrado M. Scheler:

> El ser bueno o ser malo sería enteramente independiente de toda realización material de valores. Y esta es, en efecto, la afirmación de Kant. Para la bondad o la maldad de la voluntad es totalmente

indiferente —según Kant— que intentemos realizar lo noble o lo vulgar, el bienestar o el dolor, el provecho o el daño, pues la significación de las palabras *bueno* y *malo* se agota íntegramente en la forma legal o ilegal conforme a la cual articulamos la posición de una materia de valor en otras.[13]

Si, por el contrario, el contenido de valor, es decir, la respectiva importancia positiva o negativa del contenido de una acción, es el factor determinante o, en todo caso, decisivo de si se trata de una acción moralmente buena o moralmente mala, entonces se sugiere ver la motivación por un estado de cosas con un contenido positivo como fundamento de la acción moralmente buena. En la segunda parte de su *Archipiélago Gulag* Solzhenitsyn habla del caso de un joven marido del que las autoridades comunistas sospechan que, junto con su mujer, tiene actitudes anticomunistas. El marido se exculpa denunciando a su esposa. De este modo, provoca que esta sea enviada a un campo de concentración. En este caso, la importancia negativa del estado de cosas realizado (daño y sufrimiento a su esposa, traición, etc.) parece tener, obviamente, una influencia decisiva en la maldad moral de la acción. Cuando, por otra parte, Sócrates se propone, como ya se ha dicho, evitar el estado de cosas negativo de una condena injusta de los

[13] M. Scheler, *Der Formalismus in der Ethik und die materiale Wertethik* (*El formalismo en la ética y la ética material de los valores*; en adelante *Formalismo*, p. 72). Kant expresa aquí repetidamente el punto de vista que Scheler le atribuye, por ejemplo: «Cuando la voluntad busca la ley [...], *en algún otro punto* que no en la aptitud de sus máximas para su propia legislación, [...] cuando sale de sí misma a buscar esa ley en la constitución de alguno de sus objetos, entonces prodúcese siempre *heteronomía*. No es entonces la voluntad la que se da a sí misma la ley, sino el objeto, por su relación con la voluntad, es el que da a esta ley» (*Fundamentación de la metafísica de las costumbres*, BA 89, p. 102). Como muestra el contexto, Kant es llevado a la siguiente conclusión, entre otras cosas porque formula todo tipo de falsas alternativas (es decir, la oposición incorrecta de un tipo de determinación del acto moral por su objeto que es efectivamente destructivo de la moralidad frente a una voluntad que es total y autónomamente independiente de la naturaleza del objeto): «La voluntad absolutamente buena, cuyo principio tiene que ser un imperativo categórico, quedará, pues, indeterminada respecto de todos los objetos y contendrá solo la *forma* de *querer*» (*Fundamentación*, p. 112).

Algunos pasajes del texto mostrarán que Kant abandona a veces este falso principio de autonomía —en contraposición a este error básico del formalismo en su ética— (que en Kant tiene todavía muchos otros significados que no se distinguen entre sí y que son en parte correctos, en parte incorrectos). A la luz de tales pasajes, habría que diferenciar la objeción de Scheler contra Kant, aunque identifica y rechaza acertadamente una tendencia básica de la ética de Kant.

comandantes injustamente acusados en la batalla naval, hasta el punto de arriesgar su vida, parece en este caso volver a quedar incuestionablemente claro que la importancia del estado de cosas que la acción ha de realizar —o más bien el modo en que esta importancia motiva adecuada o inadecuadamente al agente— desempeña un papel decisivo para el valor o desvalor moral de una acción.

En este punto, sin embargo, surge inmediatamente la cuestión de cómo la importancia del estado de cosas que una acción va a realizar motiva al agente y cómo esta importancia determina el valor moral de la acción.

RAZONES CONTRA LA PRIMERA RESPUESTA: EXPLICACIÓN Y REFUTACIÓN DE LO QUE PARECEN SER LAS TRES ÚNICAS POSIBILIDADES DE LA MOTIVACIÓN (DETERMINACIÓN) DE UNA ACCIÓN POR EL ESTADO DE COSAS QUE REALIZAR

Solo parece haber tres respuestas posibles a esta pregunta, que examinaremos a continuación.

PRIMERA POSIBILIDAD: ÉTICA DEL ÉXITO (UTILITARISMO)

En primer lugar, la conexión entre la acción y el estado de cosas que esta realiza puede verse como una relación medio-fin. De este modo, la acción moral se consideraría un medio y el estado de cosas que debe realizarse y caracterizarse por su importancia, el fin de la acción. Una vez más, esta relación puede entenderse simplemente como objetiva, esto es, como teniendo lugar fuera de la conciencia del agente o como decisiva para la motivación de este. El agente tendría la intención de alcanzar el estado de cosas que debe producirse como su objetivo real y consideraría su acción como un medio para ello. En este caso, el agente moral se conduciría por la pregunta por el efecto de su acción. Los estados de cosas caracterizados por la importancia, entendidos como efectos de su acción, constituirían los motivos de su actuar. G. E. Moore resume este punto de vista, que se designará *ética del éxito*, de la siguiente manera: «Preguntar qué tipo de acciones debemos llevar a cabo, o qué tipo de conducta es correcta, es preguntar qué efectos producirán tal conducta y tal acción».[14]

Sin embargo, si se considera este punto de vista hasta sus últimas consecuencias, hay que hacer depender el valor moral de una acción no solo del valor del estado de cosas que se realiza inmediatamente, sino también de los resultados causales (potencialmente infinitos) que se encuentran en el futuro, cuyo valor tendría que superar al de todas las alternativas. De esta consecuencia se deduce, además, que no puede haber obligación moral para los seres humanos:

> Es obvio que nuestro conocimiento causal [...] es demasiado incompleto para nosotros como para asegurarnos jamás a nosotros mismos este resultado. De acuerdo con ello, se sigue que nunca tenemos razón alguna para suponer que una acción es nuestro deber; nunca podemos asegurar que acción alguna producirá el mayor valor posible.[15]

Refutación de la primera posibilidad

Según esta concepción de la ética del éxito, el valor moral de una acción se degrada al mero valor indirecto de un medio para alcanzar un fin determinado.[16] Con ello, ni siquiera se tiene en cuenta el

---

[14] G. E. Moore, *Principia Ethica*, p. 146.

[15] Ibíd., p. 149. Este utilitarismo de Moore, que pasa absolutamente por alto la esencia de la moral, sorprende a la vista de los excelentes análisis críticos de la ética naturalista y del hedonismo que realiza en capítulos anteriores de su obra. Sorprende también porque Moore, en el capítulo sexto de la misma obra, con el principio de la unidad orgánica, se aproxima mucho a la idea de una conducta adecuada a las cosas y que responde al valor (una conducta que nada tiene que ver con los meros efectos). Lamentablemente, Moore no hace de esta idea algo fructífero para la ética.

[16] Más adelante, he ofrecido una crítica más detallada de este punto de vista en «Absolute Moral Obligations towards Finite Goods as Foundation of Intrinsically Right and Wrong Actions. A Critique of Consequentialist Teleological Ethics: Destruction of Ethics through Moral Theology?», «Ontic and Moral Goods and Evils. On the Use and Abuse of Important Ethical Distinctions», *The Philosophical Diseases of Medicine and Their Cure. Philosophy and Ethics of Medicine*, vol. 1: *Foundations. Philosophy and Medicine*, caps. 4-6, «The Splendor of Truth and Intrinsically Immoral Acts I: A Philosophical Defense of the Rejection of Proportionalism and Consequentialism in Veritatis Splendor», «The Splendor of Truth and Intrinsically Immoral Acts II: A Philosophical Defense of the Rejection of Proportionalism and Consequentialism in Veritatis Splendor».

carácter personal de una acción moral, pues, si el valor moral de una acción ha de medirse exclusivamente por el valor de los efectos, entonces no es obvio por qué los acontecimientos no han de tener un valor moral al igual que las acciones morales, si estos son causados por circunstancias de la naturaleza no personal y si tienen los mismos efectos que las acciones moralmente buenas (como la alimentación de personas hambrientas a través de peces que pasan nadando o a través de influencias del clima sobre la alimentación, etc.). Sin embargo, una de las las características evidentes de los valores morales es presuponer un ser libre y personal. La ética del éxito, sin embargo, no tiene en cuenta este hecho. Este punto de vista es incapaz de explicar la evidente diferencia entre medios morales e inmorales para un fin bueno y conduce, inevitablemente, al falso principio de que el fin justificaría los medios. Sobre todo, el punto de vista ético según el cual el valor moral de una acción es solo un valor indirecto como medio, enteramente tomado del valor del estado de cosas que realizar (y de sus consecuencias), malinterpreta la evidente importancia que el valor moral tiene por derecho propio, una importancia que Kant destaca de manera impresionante y que es enteramente independiente del efecto realizado:

> La buena voluntad no es buena por lo que efectúe o realice, no es buena por su adecuación para alcanzar algún fin que nos hayamos propuesto; es buena solo por el querer, es decir, es buena en sí misma, considerada por sí misma, es, sin comparación, muchísimo más valiosa que todo lo que por medio de ella podemos verificar [...]. Aun cuando, por particulares encono del azar o por la mezquindad de una naturaleza madrastra, le faltase por completo a esa voluntad la facultad de sacar adelante su propósito; si a pesar de sus mayores esfuerzos, no pudiera llevar a cabo nada y solo quedase la buena voluntad (libremente, como el acopio de todos los medios que están en nuestro poder), sería esa buena voluntad como una joya brillante por sí misma, como algo que en sí mismo posee su pleno valor. La utilidad o esterilidad no pueden ni añadir ni quitar nada a ese valor.[17]

---

[17]   I. Kant, *Fundamentación*, pp. 28-29. Con su tesis de que (solo) la voluntad es portadora de valores morales, Kant, por un lado, no hace justicia a la relación metafísica entre los valores morales y la persona, pues la primera portadora de valores morales es la persona, no

Como muestra Kant en este pasaje, dejando que la moral hable por sí misma, la intención y la disposición de la voluntad para realizar un estado de cosas garantizan el pleno valor moral de una acción, y este valor es totalmente independiente del éxito o fracaso de esta. Así, la concepción de la relación entre la acción moral y su objeto tal como la encontramos en la ética del éxito se muestra insostenible. Dentro de esta concepción, ni siquiera se lleva a cabo la distinción elemental entre ser un mero medio para un fin y una acción motivada por un fin.

Sin embargo, una vez establecido que el valor moral de una acción es totalmente distinto del valor de la acción como medio para un fin determinado, el punto de vista de la ética del éxito también es insostenible, incluso si se pretende hacer justicia al carácter personal de la motivación adoptando el punto de vista de que el valor de la acción como medio para un buen fin debe ser un motivo explícito del agente para que la acción sea portadora de valores morales. Aparte de que esta «adición» significaría que la concepción de la ética del éxito se abandonaría «formalmente» como tal y declararía que el valor moral de la acción es independiente del éxito como tal transfiriéndolo a la motivación, tal teoría sería también «materialmente» contradictoria. Pues, si el valor moral de una acción no depende del éxito real, sino de la motivación y se basa en la voluntad de realización como tal, es imposible suponer, al mismo tiempo, que el éxito como tal —del que, es independiente el valor moral del agente, como este comprende claramente— motive la acción moral.

Ahora bien, si el valor moral de una acción no consiste en su valor indirecto como medio para un fin positivo y si tampoco se da el caso de que el agente esté motivado por el valor del estado de cosas que

---

los actos, y, por otro lado, sugiere una limitación de los valores morales a la voluntad en sentido estricto, es decir, a la voluntad que interviene mediante actos. Sin embargo, esto dejaría de lado las virtudes de la persona como ámbito independiente de bondad moral (e incluso el ámbito más profundo), así como ese otro ámbito de bondad moral que encontramos en el caso de adoptar una postura interna libre como tal. Esta restricción de la moralidad implícita en la ética de Kant ha sido superada convincentemente por D. von Hildebrand. Véase *La idea de la acción moral* y *ética*, especialmente p. 367 y ss. y p. 397 y ss. Sin embargo, si la palabra *voluntad* se emplea en el mismo sentido que *libertad*, entonces la esfera de la moralidad llega, efectivamente, solo hasta la voluntad.

realizar como fin y por el valor de la acción como medio, ¿cómo motiva, entonces, la acción moral la importancia de un objeto?

Segunda posibilidad: el hedonismo

Una segunda posibilidad para explicar cómo el motivo de una acción moral motiva al agente consiste en afirmar que el motivo impulsor de dicha acción es el placer que la realización del objetivo de la acción proporcionaría al agente. Según este punto de vista hedonista, el motivo último de todas las acciones humanas es el placer subjetivo. Una acción se llamará *buena* en la medida en que sirva a este placer.

Refutación de la segunda posibilidad

Puesto que el hedonismo se ve igualmente afectado por las tres primeras razones que se presentarán a continuación como refutación del eudemonismo, mencionaremos aquí solo dos razones pertinentes que refutan el hedonismo. Platón las explica en su *Gorgias*.[18] En primer lugar, del punto de vista hedonista se desprende que las cosas que son moralmente neutras tendrían que ser llamadas *moralmente buenas*. Si, por ejemplo, como señala Sócrates, alguien se rasca la cabeza porque le pica y experimenta placer al hacerlo, este rascado tendría que ser, a ojos del hedonista, moralmente bueno. Sin embargo, esto es contrario al hecho evidente de la neutralidad moral de este placer y de la actividad que lo causa. En segundo lugar, de la visión hedonista se desprende que muchas acciones obviamente malas desde el punto de vista moral tendrían que ser designadas *moralmente buenas* siempre que alguien experimente placer al llevarlas a cabo. Así, por seguir con el ejemplo platónico, un acto de pederastia sería bueno si proporcionara placer al agente. Del mismo modo, todo tipo de crímenes que proporcionen placer sádico al agente tendrían que ser designados *buenos*, una consecuencia obviamente absurda de este punto de vista.

---

[18] Platón, *Gorgias*, 494 d ss.

TERCERA POSIBILIDAD: EUDEMONISMO

Encontramos una tercera posibilidad de entender la relación entre la acción moral y su objeto motivador en el eudemonismo. Este punto de vista considera un motivo básico impulsor de los seres humanos no la mera tendencia subjetiva al placer, sino la tendencia objetiva a la felicidad. Lo que el objeto de la acción moral da a la persona que actúa o lo que la propia acción promete al agente no es algo solo subjetivamente satisfactorio para tal o cual persona, sino lo que hace verdaderamente feliz al agente, la felicidad objetivamente ordenada como realización de la naturaleza de quien actúa. La persona que actúa moralmente está motivada por el estado de cosas que ha de realizarse mediante la acción moral en la medida en que este estado de cosas —en contraste con la acción misma y con sus consecuencias— es la fuente de esta felicidad. Según este punto de vista, la felicidad del propio agente sería el motivo exclusivo o, al menos, primario del agente moral.

Refutación de la tercera posibilidad

Hay muchas razones que pueden demostrar que el eudemonismo es una teoría moral que no hace justicia a la naturaleza de la acción moral. Aquí presentaremos solo cinco de estas razones:

En primer lugar, la opinión de que la felicidad es el motivo para actuar sitúa los motivos últimos de la acción moralmente buena en un mismo nivel con los de la acción moralmente mala, pues, por un lado, la buena voluntad se caracteriza por estar motivada por la felicidad y, por otro, como enseña Aristóteles —y con él los grandes éticos eudemonistas medievales—, toda voluntad tiende inevitablemente a la felicidad como su fin último.[19] Parece imposible pasar por alto este error después de que Kant lo haya puesto admirable y claramente al descubierto:

> Sin embargo, el principio de la *propia felicidad* es el más rechazable, no solo porque es falso [...], no solo tampoco porque en nada

---

[19] Véase la nota 22.

contribuye a fundamentar la moralidad, ya que es muy distinto un hombre [...] entregado prudentemente a la búsqueda de su provecho que uno dedicado a la práctica de la virtud, sino porque reduce la moralidad a resortes que más bien la derriban y aniquilan su elevación, juntando en una misma clase los motores que impulsan a la virtud con los que impulsan al vicio, enseñando solamente a hacer bien los cálculos, borrando, en suma, por completo la diferencia específica entre virtud y vicio.[20]

En segundo lugar, como de nuevo ha mostrado Kant, en el eudemonismo el imperativo categórico de la moral se sustituye por uno hipotético. Es cierto que, según el punto de vista eudemonista, la felicidad humana no es una condición dependiente de circunstancias empíricas, sino una condición que se cumple necesariamente en todo ser humano y a las que están ligados los deberes humanos. Así, el imperativo hipotético no dice: «Si quieres ser feliz, entonces debes actuar de un modo moralmente bueno» (pues los seres humanos tienden inevitablemente a su felicidad). Sin embargo, según el punto de vista eudemonista, la exigencia moral se hace depender de la condición de tender a la felicidad que de hecho está presente: En lugar de decir: «Debes hacer esto, debes evitar aquello», en lugar de entenderse en su propio carácter categórico e incondicional, el eudemonismo reinterpreta la obligación moral en: «Puesto que quieres ser feliz, debes hacer esto y evitar aquello». Esto presupone tácitamente: «Si te fuera posible no aspirar a la felicidad, cesarían todas las exigencias morales», o bien: «Si pudieras llegar a ser feliz, el deber moral quedaría suspendido para ti». Privar de este modo a la obligación moral de su carácter majestuoso e incondicional y vincularla a una condición distinta de los propios valores morales, haciéndola depender así de una relación alejada de la sustancia moral, no explica la dignidad del carácter categórico-incondicional de las exigencias morales, sino que reinterpreta la seriedad categórico-solemne de lo moral en un imperativo hipotético incompatible con la dignidad de la moralidad.[21]

---

[20]   I. Kant, *Fundamentación*, BA 91 (p. 104).

[21]   Véase I. Kant, *Fundamentación*, BA 38 y ss. (p. 60 y ss.) y *Crítica de la razón práctica*, A 35 ss. (p. 33 y ss.). Reproducimos aquí solo lo que consideramos diferencias evidentes descubiertas por Kant. No nos ocupamos de las tesis problemáticas y erróneas que él

En tercer lugar, el punto de vista eudemonista conduce a una consecuencia virtualmente inmoral con respecto a todas las exigencias morales que se refieren a nuestra relación con otras personas. La consecuencia que surge de la tesis eudemonista de que considerar a otras personas, así como a estados de cosas realizados con respecto a estas otras personas, solo como medios para el objetivo de la propia felicidad (fin), es inmoral, como una vez más Kant ha mostrado profundamente. Las otras personas siempre deben ser respetadas como fines en sí mismas o, mejor dicho, por ellas mismas. Nunca deben ser utilizadas solo como medios para otra cosa, como medios para nuestra felicidad, por ejemplo. No es ético tratarlas exclusivamente como medios. Esto se hace más evidente con respecto a los deberes para con la persona divina absoluta, el ser divino absoluto personal. Por cierto, en este punto, las opiniones eudemonistas de los filósofos medievales conducen al más extraño y flagrante conflicto con las opiniones teológicas de los mismos pensadores.[22]

---

relacionó con uno de los mayores descubrimientos morales de todos los tiempos, la clara distinción entre los imperativos categóricos e hipotéticos.

[22] Especialmente, en santo Tomás y los tomistas, encontramos que la felicidad es designada como la meta final de los humanos, y también como el motivo final del actuar humano, que está ineludiblemente predado. Según esto, los seres humanos no poseen libertad alguna para elegir el fin último de su tender, sino que su libertad se limita, como ya afirmó Aristóteles, a la elección de los medios. Véase santo Tomás de Aquino, *Suma de teología*, I IIae, pp. 1-4, 13.

Por otra parte, encontramos en los mismos pensadores que el fin último de la creación (y no solo objetivamente, sino también subjetivamente; es decir, relacionado con la voluntad humana y su motivación) es la *glorificatio Dei externa* (la glorificación que las criaturas han de dar a Dios). Para una presentación de esta última enseñanza, que la Iglesia católica ha declarado dogma, véase M. Premm, *Katholische Glaubenskunde: Ein Lehrbuch der Dogmatik* (4 volúmenes), vol. I, p. 346 y ss. (incluida la bibliografía allí citada). Según esta doctrina teológica, los seres humanos estarían inequívocamente obligados, en la motivación misma de la acción moral, a no elegir la felicidad como motivo último de la acción (pues la felicidad es un fin segundo y subordinado de la creación). Más bien, están obligados a subordinar la felicidad por completo al motivo primero, la glorificación de Dios. En otras palabras, la ética eudemonista que santo Tomás toma de Aristóteles entra en flagrante conflicto con la doctrina teológica sobre la obra de la creación, conflicto que es totalmente irreconciliable en el tomismo.

Por el contrario, la ética de los valores, que se presenta a continuación, está en plena armonía con esta doctrina, constituyendo, por así decirlo, su fundamento filosófico natural, sin el cual esta enseñanza teológica permanece filosóficamente infundada. Sin embargo, con ello, nuestra visión ética se orienta a los datos éticos inequívocos más que a su relevancia

En cuarto lugar, una vez comprendida la naturaleza de la felicidad, el punto de vista eudemonista conduce a una contradicción interna, pues contiene un argumento circular. El eudemonismo consiste precisamente en partir de la felicidad (en oposición al placer solo subjetivo), distinguiendo así entre la *verdadera* felicidad y el mero placer. Sin embargo, si uno quiere especificar en qué consiste la verdadera felicidad, se encontrará con que esta depende necesariamente de valores objetivos e incluso morales, por lo que ya presupone valores morales y no puede justificarlos. Esto ha sido señalado con especial fuerza por M. Scheler y D. von Hildebrand.[23] En quinto y último lugar, el eudemonismo conduce a la afirmación de que lo moralmente bueno no se quiere por sí mismo, sino por el bien de otra cosa. Con esta consecuencia, la distorsión eudemonista o incluso el socavamiento de la esencia de la moralidad alcanza un clímax, como expresa Kant vívidamente: «El eudemonismo no dice a la virtud en la cara [...] que no es su belleza, sino solo el provecho el que nos ata a ella».[24]

Al término de estas consideraciones, parece que nos encontramos ante una antinomia. Por un lado, la experiencia moral no atestigua nada más claro que el hecho de que una acción moral está decisivamente determinada y motivada por la importancia del estado de cosas realizado a través de ella. Por otro lado, no se puede sostener ninguna de las formas de motivación de la acción moral por su objeto que se han discutido anteriormente. No parece haber ninguna posibilidad además de las tres que se han discutido.[25]

---

para la teología. En santo Tomás, se pueden encontrar también muchas otras afirmaciones contrarias al eudemonismo. Véase la excelente presentación de este estado de cosas, así como las respectivas referencias a las fuentes, en A. Laun, *Die naturrechtliche Begründung der Ethik in der neueren Katholischen Moraltheologie*, p. 100 y ss.

[23] Véase M. Scheler, *Formalismo*, p. 466 y ss. No podemos secundar en absoluto las demás tesis de Scheler sobre la relación entre felicidad y moral (su rechazo de la idea de retribución, de recompensa y otras). Véase también D. von Hildebrand, *Ética*, p. 56 y ss., 370 y ss., y *La esencia del amor,* cap. 139 y ss. y p. 327 y ss.

[24] I. Kant, *Fundamentación*, BA 91, p. 105.

[25] Kant no distingue claramente entre hedonismo y eudemonismo. Véase al respecto M. Scheler, *Formalismo*, p. 339 y ss. En la ética tomista, encontramos, sobre todo por la distinción entre naturaleza meramente fáctica y esencial, un punto de partida para superar esta confusión. Sobre el eudemonismo en la ética escolástica y neotomista y sobre su crítica, véase A. Laun, *op. cit.*, especialmente p. 51 y ss., 100 y ss. y 162 y ss.

RAZONES EN APOYO DE LA PRIMERA RESPUESTA:
IDENTIFICACIÓN Y DEMOSTRACIÓN DE UNA CUARTA
POSIBILIDAD SOBRE CÓMO UNA ACCIÓN MORAL ES
MOTIVADA POR LA IMPORTANCIA DE SU OBJETO:
EL OBJETO MOTIVA LA ACCIÓN MORAL EN VIRTUD
DE SU VALOR Y BONDAD INHERENTES, QUE POSEEN
ESPECIAL RELEVANCIA MORAL (REALIZACIÓN
DE VALORES, RESPUESTA VALORATIVA, OBJETIVIDAD)

La visión de la justicia como *suum cuique*, que fue ampliamente defendida en la Antigüedad y en la Edad Media, contiene la clave para una comprensión totalmente diferente del modo en que el objeto motiva una acción moral. Encontramos pasos para una clarificación de esta relación en Platón, san Agustín, san Anselmo, santo Tomás de Aquino, Duns Escoto, W. D. Ross, M. Scheler, N. Hartmann, entre otros. En mi opinión, la contribución más significativa para una clarificación de este problema se encuentra en la obra de Dietrich von Hildebrand.[26] Sin embargo, hay que señalar en este contexto que Kant, en franca oposición a toda su ética formalista, ha vislumbrado esta cuarta posibilidad acerca de cómo el objeto de una acción moral puede motivar a esta última.[27]

---

[26] No puedo mostrar aquí con más detalle cómo las justificaciones de esta cuarta posibilidad están presentes en Platón, sobre todo en el *Gorgias*, pero también en la doctrina de la participación de Platón en general, en san Agustín, en la distinción entre dos categorías diferentes de motivación dentro de la felicidad (libro décimo de las *Confesiones*) y en la distinción hecha en *De Civitate Dei* entre el *amor sui usque ad contemptum Dei* y el *amor Dei usque ad contemptum sui*, en la elaboración del *bonum honestum* de san Anselmo y Duns Scoto, así como en otros autores de la gran tradición filosófica. Tampoco podemos tratar aquí más de cerca la teoría de Scheler según la cual hay que dar preferencia a los valores superiores. Todos estos filósofos han hecho valiosas aportaciones a la solución de nuestro problema. Sin embargo, en mi opinión, D. von Hildebrand, con su clara distinción entre categorías fundamentalmente diferentes de motivación y entre valores moralmente relevantes y no moralmente relevantes, ha realizado, con diferencia, la contribución más importante a la clarificación de este problema ético de la relación entre el objeto de una acción y la motivación de las acciones morales. Véase D. von Hildebrand, *Ética*, p. 54 y ss., p. 319 y ss.; A. Laun, *op. cit.*, p. 126 y ss.; F. Wenisch, *Die Objektivität der Werte*; B. Wenisch, *Der Wert. Eine an Dietrich von Hildebrand orientierte Auseinandersetzung mit M. Scheler*; J. Seifert, *Erkenntnis objektiver Wahrheit*, p. 274 y ss.; del mismo autor, «Dietrich von Hildebrands philosophische Entdeckung der «Wertantwort» und die Grundlegung der Ethik», y «Wert und Wertantwort. Hildebrands Beitrag zur Ethik».

[27] Véase la nota 13. Véase también I. Kant, *Crítica de la razón práctica*, A 61-62 (p. 170 y ss.).

> Pero suponiendo que haya algo cuya *existencia en sí misma* posea un valor absoluto, algo que como *fin en sí mismo,* pueda ser fundamento de determinadas leyes, entonces, en ello, y solo en ello, estaría el fundamento de un posible imperativo categórico, es decir, de una ley práctica.
>
> Ahora, yo digo: el hombre, y en general todo ser racional, *existe* como *fin en sí mismo, no solo como medio.* (…) Todos los objetos de las inclinaciones tienen solo un valor condicionado, pues, si no hubiera inclinaciones y necesidades fundadas sobre las inclinaciones, su objetos carecería de valor.

Las personas, sin embargo, son, como señala Kant, fines objetivos cuya existencia es un fin en sí misma;

> así, en su lugar no puede ponerse ningún otro fin para el cual debieran ellas servir de medios, porque sin esto no hubiera posibilidad de hallar en parte alguna nada con *valor absoluto;* mas si todo valor fuere condicionado y, por tanto, contingente, no podría encontraser para la razón ningún principio práctico supremo.[28]

Aquí, Kant señala un tipo de ser motivado por un objeto que difiere completamente de los discutidos hasta ahora. Este motivo motiva al agente no solo o primariamente por su propia felicidad, y mucho menos por el mero placer subjetivo que el objeto proporciona. Más bien, es motivado por la importancia que el objeto tiene en sí mismo, por su «valor absoluto». Este «absoluto» —que aquí significa objetivamente fundamentado en el ser mismo—, su intrínseca preciosidad perteneciente a este ser, es, como subraya Kant, la fuente última sin la cual la razón no podría encontrar «ningún principio práctico supremo […] en absoluto». En la acción moral, por tanto, el agente da al objeto de la acción «lo suyo», lo que «le es debido».[29]

---

[28] I. Kant, *Fundamentación*, BA 64, 65. (pp. 82-84).

[29] Kant se refiere ocasionalmente a esta relación debida, ya reconocida en la idea clásica de *suum cuique* como esencia de la justicia, en sus afirmaciones sobre el respeto, pero en ningún caso la reconoce en su importancia metafísica y moral básica. En D. von Hildebrand, en cambio, encontramos un reconocimiento explícito y un análisis detallado de esta relación (véase Ética, p. 228 y ss., p. 288 y ss.). H.-E. Hengstenberg se aproxima a una concepción de esta relación en su enseñanza sobre el papel de la *Sachlichkeit* (actitud adecuada al logos de las cosas) dentro de la moral. Véase su *Grundlegung der Ethik*, p. 33 y ss.

Aunque este papel del objeto de nuestra motivación no se limita en modo alguno a los valores que son objetivos y que existen por
sí mismos —o más bien a los portadores de tales valores—,[30] no es
menos cierto que la obligación moral encuentra su fundamento más
originario en el ente en cuanto portador de valores absolutos (Kant)
u objetivos (Hildebrand). De otro modo, no es en absoluto necesario considerar estos valores como entidades separadas del ser, tal y
como los entienden el neokantismo, Rickert, N. Hartmann o también Kelsen (cada uno de ellos de manera distinta).[31] Más bien, los
valores constituyen el «núcleo del ser», son el ser mismo en cuanto
importante o valioso en sí mismo.[32]

---

[30] Así, la situación metafísicamente limitada de los humanos es también fuente de obligaciones morales. Del mismo modo que un niño no puede reclamar los derechos de sus padres o
un ciudadano los derechos de un rey porque, objetivamente, no los posee, los seres humanos
no pueden arrogarse derechos divinos. Esta fuente de obligación moral prohíbe el suicidio, la
eutanasia y el control artificial de la natalidad. Véase a este respecto J. Seifert, «The Problem
of the Moral Significance of Human Fertility and Birth Control Methods», «Una reflexión
filosófica y una defensa de *Humanae Vitae. El don del amor y de la nueva vida*». Los derechos, los
compromisos libremente asumidos (como las promesas), los bienes objetivos para una persona
y otros también son fuentes de obligaciones morales que no pueden reducirse a valores (a este
respecto, la obra *Moralia* de D. von Hildebrand, ya mencionada, ha presentado otras explicaciones y algunas adiciones a su Ética, que se fundamenta demasiado exclusivamente en valores
moralmente relevantes. Véase Hildebrand, Ética, p. 329, nota 15). H. Reiner, en sus libros *Die
philosophische Ethik*, pp. 216-217, y *Pflicht und Neigung*, p. 143 y ss., ejemplifica el hecho de que
incluso la literatura especializada en ética ignora la categoría de motivación mediante el bien
objetivo para la persona que D. von Hildebrand ha introducido en la ética, junto con lo importante en sí mismo (bienes que conllevan valor) y lo solo satisfactorio subjetivamente. En su
crítica a la ética de D. von Hildebrand, ignora las aportaciones más importantes de este último
realizadas desde los años treinta, especialmente la elaboración del «papel del «bien objetivo
para la persona» dentro de la moral» (véase *Die Menschheit am Scheideweg*, p. 61 y ss., Ética,
p. 454 y ss.). En estos libros, la preocupación positiva de H. Reiner se tiene en cuenta de forma
mucho más diferenciada. Al mismo tiempo, la objetividad de los valores se elabora plenamente
sin tener que secundar el compromiso entre ética del valor y hedonismo que sugiere H. Reiner
(véase *Die philosophische Ethik*, p. 217), un compromiso que no puede convencer en absoluto y
que amenaza con perder de vista el dato metafísico-ético básico del valor.
  Véase también Josef Seifert, «Dietrich von Hildebrand on Benevolence in Love and
Friendship: A Masterful Contribution to Perennial Philosophy».

[31] Véanse las críticas a este punto de vista presentadas por los siguientes autores: F. Wenisch,
Die Objektivität der Werte; B. Wenisch, *Der Wert*; W. Waldstein, «Vorpositive Ordnungselemente
im römischen Recht». Véase también la nota 32.

[32] A este respecto, véase J. Seifert, «Die verschiedenen Bedeutungen von «Sein». D. von
Hildebrand als Metaphysiker und M. Heideggers Vorwurf der Seinsvergessenheit». Aquí

Este pensamiento básico permite lograr el avance ético decisivo en relación con nuestro problema. Evitamos la Escila del hedonismo y del eudemonismo, así como la Caribdis de la ética del éxito y del utilitarismo. En la medida en que el objeto de una acción exige nuestra acción moral, y en la medida en que damos en esta acción la respuesta debida a un ser, la importancia del objeto de nuestra acción, del estado de cosas que realizar, es efectivamente lo que nos motiva en nuestro actuar moral; pero no nos motiva ni por el placer subjetivo ni principalmente por la verdadera felicidad que nos proporciona, sino por su preciosidad, la cual descansa en sí misma, y por su plenitud de valor. Nuestro querer/actuar se debe a esta preciosidad. Al mismo tiempo, por una parte, el objeto nos motiva claramente, de modo que la voluntad es una respuesta adecuada al objeto de la acción, una «postura interna apropiada al logos de este objeto»,[33] pero, por otra parte, el valor del querer es totalmente independiente del éxito o de la utilidad de nuestra acción. En efecto, el valor de una respuesta que se debe a un bien no se ve afectado en absoluto aunque no se conceda ningún éxito a este querer. La voluntad de realizar un estado de cosas que está en la base de una acción moral, así como la «toma de posición» que hacen posible esta voluntad, no reciben sus valores morales del éxito al que tendrían que estar supeditadas como medios, sino que reciben su valor moral de su «corrección interior»[34] por la que son la respuesta debida al ser en cuestión y por la que cumplen una «relación debida» metafísica objetiva.[35] Esto deja totalmente claro que, como subraya Kant, la acción moral a la que se le niega el éxito también conserva todo su valor moral y sigue brillando

---

no podemos ocuparnos de la historia del descubrimiento filosófico del valor tal como se da de forma evidente y objetiva, una historia que toma su punto de partida, sobre todo, en la importante obra de F. Brentano *El origen del conocimiento moral*. La mayoría de las veces, esta distinción central falta en la ética del valor. Un ejemplo es H. Reiner (véase su libro *Die philosophische Ethik*, pp. 217-218).

[33] Véase H.-E. Hengstenberg, *Grundlegung der Ethik*, p. 33 y ss.

[34] Lamentablemente, no podemos tratar aquí el punto de vista relativo a la corrección interna del acto moral, un punto de vista que ha sido desarrollado especialmente por san Agustín, san Anselmo y san Buenaventura.

[35] Véase la nota 29.

como una joya por sí misma, «como algo que tiene todo su valor en sí mismo».[36]

Como ha mostrado de forma pionera D. von Hildebrand, la justificación racional del valor moral de una acción a la que las consideraciones anteriores nos han llevado ha de ser completada con una distinción adicional. Los portadores de valores, como un bello paisaje o un talento artístico, que, si bien suscitan aprecio y admiración, no fundamentan exigencias u obligaciones morales, deben distinguirse de los portadores de valores moralmente relevantes. La vida humana, por ejemplo, posee un valor moralmente relevante, ya que no solo lanza, como una obra de arte, una llamada extramoral general a ser apreciada adecuadamente, sino que fundamenta aquellas exigencias y deberes específicamente morales que apelan, en su singular gravedad, a nuestra conciencia.[37]

En este contexto, la cuestión de si hay otras fuentes de obligación moral además del valor de un ente, como los derechos, las obligaciones libremente contraídas, las limitaciones metafísicas del ser humano y otras similares, no es decisiva.[38] Pues una prueba convincente de la primera respuesta a la pregunta de qué motiva una acción moral ha tenido éxito en un punto. Hay entes que son objetos de nuestra acción voluntaria porque poseen valores moralmente relevantes; Los valores que poseen algunos entes (la persona o la vida humana, por ejemplo) son tales que hacen que nuestra intervención mediante la acción sea incluso moralmente obligatoria. Si presenciamos un atentado contra la vida de una persona inocente y podemos ayudar a esta, el valor objetivo y moralmente relevante de esa vida humana hace obligatoria nuestra acción. Si contemplamos las características del ser humano y su dignidad personal, que se funda, entre otras cosas, en su poder de conocer, su libertad y su destino, reconocemos inmediatamente este valor moralmente relevante a través de una intuición racional.[39]

---

[36] Véase la nota 17.

[37] Véase D. von Hildebrand, *Ética*, p. 302 y ss.

[38] Véase la nota 26.

[39] Sobre el problema de la intuición de esencias, véase J. Seifert, *Erkenntnis objektiver Wahrheit*, p. 129 y ss. y la bibliografía allí citada.

OBJECIONES GRAVES CONTRA LA SUFICIENCIA
DE LA PRIMERA RESPUESTA

No debemos darnos por satisfechos con esta primera respuesta a nuestra pregunta, sino que debemos examinar más a fondo si se ha respondido suficientemente a la cuestión de qué motiva una acción moral. Este examen es necesario, sobre todo, porque pueden plantearse objeciones significativas contra el modo que acabamos de explicar en que la acción moral está motivada por su objeto. Especialmente, dos objeciones parecen hacer dudar de nuevo de la verdad de la primera respuesta a nuestra pregunta.

En primer lugar, a menudo, el valor moral de una acción es, evidentemente, más elevado y más «absoluto» que el valor del estado de cosas que se realiza mediante la acción. Para empezar, esto es cierto en el simple sentido de que, desde el punto de vista del valor, el valor moral de una acción que salva vidas «enriquece» el mundo mucho más, realiza un valor mucho más alto que el mero hecho de que un ser humano siga vivo.[40] Del mismo modo, a través del asesinato y la culpa moral relacionada con él, viene al mundo una desarmonía mucho más profunda que por la muerte de un ser humano. Los valores y desvalores morales son los más «absolutos», los valores más elevados y los peores desvalores dentro del universo naturalmente dado.[41] Esto

---

[40] Esta verdad evidente se comprende cuando se contempla la incomparable superioridad de los valores realizados mediante actos libres, su carácter meritorio y otras de sus características, y se los compara con el valor de la vida humana, que carece de todos estos momentos. En otro aspecto, sin embargo, una vida humana, que constituye la base de muchos actos morales, no es metafísicamente comparable, en sentido estricto, con el valor de un solo acto moral.

[41] Por lo que se refiere a los desvalores morales, esto de nuevo puede hacerse plenamente evidente cuando se compara un mal extramoral con uno moral. Para seguir con nuestro ejemplo, la muerte de un ser humano es un gran mal, pero, como tal, no es causado libremente, no se da la terrible desarmonía de la culpa y de la conciencia, Dios no es ofendido o rechazado a través de esta muerte. Así, en *Crimen y castigo*, de Dostoievski, por ejemplo, la muerte del viejo usurero, que a Raskolnikov le parece incluso deseable, no constituye ciertamente un mal tan profundo y absoluto como el mal moral relacionado con la acción asesina de Raskolnikov. Pasar por alto la independencia y superioridad de lo que es moralmente bueno y malo sobre todos los bienes y males extramorales constituye uno de los errores básicos del utilitarismo, de la ética de la situación (especialmente, en la forma en que la presenta Fletcher) y de muchas otras visiones éticas erróneas.

se muestra aún más claramente cuando se considera otro sentido de la absolutez de los valores morales al que apunta Kant al comienzo de su *Fundamentación de la metafísica de las costumbres*. Solo los valores morales deben llamarse «absolutos» y alabarse sin restricciones, en el sentido de que, mientras sigan siendo valores morales y no sean motivos de acciones o actitudes inmorales, no solo son valiosos en cierto sentido, sino absolutamente.[42]

Ni en el mundo, ni en general, tampoco fuera del mundo, es posible pensar que nada pueda considerarse como bueno sin restricción, a no ser tan solo una *buena voluntad*. El entendimiento, el gracejo, el juicio, o como quieran llamarse *los talentos* del espíritu; el valor, la decisión, la perseverancia en los propósitos, como cualidades del *temperamento*, son, sin duda, en muchos respectos, buenos y deseables, pero también pueden llegar a ser extraordinariamente malos y dañinos si la voluntad que ha de hacer uso de estos dones de la naturaleza, cuya peculiar constitución se llama *carácter*, no es buena. Lo mismo sucede con los dones de la fortuna. El poder, la riqueza, la honra, la salud misma y la completa satisfacción y el contento del propio estado, bajo el nombre de *felicidad*, dan valor, y tras él a veces arrogancia, si no existe una buena voluntad [...]. La mesura en las afecciones y pasiones, el dominio de sí mismo, la reflexión sobria no son buenas solamente en muchos respectos, sino que hasta parecen constituir una parte del valor *interior* de la persona; sin embargo, están muy lejos de poder ser definidas como buenas sin restricción

---

[42] Véase Josef Seifert, «Moral Goodness Alone Is «Good Without Qualifications»: A Phenomenological Interpretation and Critical Development of some Kantian and Platonic Ethical Insights into Moral Facts which Contribute to the Moral Education of Humanity». En el pasaje que sigue, Kant no considera el hecho de que el fariseísmo se alimenta no solo de valores morales imaginarios, sino también reales. Por lo tanto, los valores morales pueden convertirse en un gran peligro moral y conducir a un orgullo farisaico mucho peor que las faltas morales que surgen de otras pasiones. Sin embargo, es cierto que el fariseísmo destruye, precisamente, el valor moral de la persona, al menos de sus actos morales actuales. En este sentido, se puede decir que el valor moral no puede entrar al servicio de los males mientras el valor permanezca presente. Mientras un valor moral existe, permanece presente en su esplendor de valor. A diferencia de un talento magnífico, nunca puede ser absorbido al servicio de un mal y convertirse él mismo en mal. No podemos entrar aquí en la cuestión de en qué sentido los valores morales de acciones morales pasadas permanecen presentes aunque proporcionen alimento al fariseísmo; tampoco podemos discutir la cuestión de cuáles son las diversas formas en que los bienes pueden entrar al servicio de los males.

—aunque los antiguos las hayan apreciado así en absoluto—. Pues sin los principios de una buena voluntad pueden llegar a ser harto malos; y la sangre fría de un malvado no solo lo hace mucho más peligroso, sino mucho más despreciable inmediatamente a nuestros ojos de lo que sin eso pudiera ser considerado.[43]

Kant subraya, con razón, que solo los valores morales son «absolutos», en el sentido de que, sin ellos, todos los demás bienes de la persona serían males, mientras que estos valores son buenos en sí mismos y en virtud de su esencia más propia. ¿Cómo es posible, sin embargo, que bienes mucho más bajos y menos absolutos, moralmente relevantes, como la salud, la vida, la felicidad —bienes cuyo sostenimiento es moralmente bueno y obligatorio—, puedan motivar una acción moral? Parece imposible que la acción moral que es buena en un sentido mucho más absoluto esté motivada por un bien mucho menos absoluto, como la salud o la vida humana.

En respuesta a esta dificultad, se podría señalar, con santo Tomás de Aquino, por ejemplo, que un acto personal como el conocimiento o la voluntad recibe su valor no exclusivamente de su objeto, sino también del sujeto, de la persona. Así, el conocimiento de todos los seres inferiores al hombre tiene un valor superior al de estos seres mismos.[44]

Aun así, el conocimiento sigue estando plenamente dirigido a estos seres como sus objetos, aunque estos últimos estén, desde el punto de vista del valor, por debajo de los humanos. Así, también un acto voluntario libre de apoyo a la vida y la salud posee, como acto

---

[43] I. Kant, *Fundamentación*, BA 1, 2 (pp. 27-28). Con este pasaje, Kant impone al menos una revisión radical de las llamadas *virtudes cardinales*. Estas pueden llamarse *virtudes*, exclusivamente, en la medida en que participan de las cualidades moralmente buenas y que responden a valores de otras virtudes. Esto es válido al menos para la prudencia, la fortaleza y la templanza. Son moralmente buenas, exclusivamente, si son bondad moral prudente, bondad moral valerosa y bondad moral templada o amor. En cambio, la justicia es esencialmente una virtud moral elemental. Aquí debemos renunciar a un análisis crítico más detallado de las virtudes cardinales.

[44] Una vez más, esto puede reconocerse cuando uno se hace presente la superioridad esencial con respecto a los valores del ser libre personal, conscientemente despierto, sobre el ser no personal. Entonces, se hace evidente que un acto de conocimiento en el que captamos la verdad sobre una piedra o un animal tiene un valor superior al de su objeto.

personal, un valor superior al de la salud y la vida mismas, pero sigue estando motivado por estos bienes moralmente relevantes.

Sin duda, esta respuesta contiene una verdad profunda que ilumina la dignidad del ser personal-espiritual. Sin embargo, esta respuesta a la dificultad mencionada no parece suficiente. En todo caso, parece que la grandeza interior y la nobleza única de las acciones morales prohíben ver su único motivo en bienes como la vida, la salud y otros, aun cuando la acción moral se dirija a estos bienes, por muy importantes que estos sean.

Esta dificultad, aún no resuelta, aumenta considerablemente con una segunda objeción contra la suficiencia de la primera respuesta a la cuestión relativa a la motivación de una acción moral. Si se investiga más detenidamente el *datum* de una acción moral, resulta evidente que el valor (moralmente relevante) del estado de cosas que realizar no es exclusivamente su motivo, pues claramente el agente moral no quiere el objeto de una acción moral tan incondicionalmente como quiere cumplir una obligación moral. En la experiencia, esto se hace evidente, especialmente, en el caso de la evitación de una acción inmoral. Si se nos ordena asesinar a un inocente, estando amenazados de que, de lo contrario, nuestra propia vida y la de nuestra familia serán destruidas, estamos obligados a no actuar. Deberíamos tener una voluntad incondicional de no llevar a cabo esta acción inmoral. Por mucho que esta voluntad pueda estar co-motivada por el valor moralmente relevante del inocente y depender de él (podríamos matar a un perro, por ejemplo, en una situación así), como poco, queremos el bien de la vida del inocente más incondicionalmente que la vida de nuestra familia y la nuestra propia. Al contrario, la vida de nuestra familia es justificadamente más importante para nosotros que la vida del inocente. Es evidente, por tanto, que el motivo por el que no lo matamos y por el que preferimos dejar perecer a nuestra familia no es tal interés incondicional por el objeto de la acción —la vida del inocente—, sino que hay que buscar un motivo adicional de la acción moral para explicar este interés incondicional de la persona que actúa moralmente. Además, nuestras vidas prácticas serían totalmente insoportables, incluso literalmente «imposibles», si nuestro interés en los bienes moralmente relevantes con los que están conectadas las obligaciones morales (como la vida, la salud, etc.) en los «objetos de nuestra acción» fuera tan incondicional como el interés que tenemos de forma tan «incondicional» en actuar moralmente y obedecer la voz de nuestra conciencia moral, en la que tenemos un interés «absoluto». El hecho de que el valor moralmente relevante del estado de cosas que realizar por una acción no pueda ser el motivo exclusivo de nuestro actuar moral se hace especialmente claro si pensamos en los sacrificios que hemos de sufrir para realizar una acción u omisión moralmente obligatoria y si comparamos estos sacrificios con los que asumiríamos en aras de la realización del estado de cosas que realizar por la acción. Mientras que tendríamos que estar dispuestos a arriesgar nuestra vida antes que desatender en nuestra acción una obligación moral, o incluso estar dispuestos a sacrificar la vida de muchos —de hecho, de todos los seres humanos— antes que cometer una injusticia, sería absurdo afirmar que estaríamos dispuestos a sufrir sacrificios similares en aras del objeto-valor como tal (como la vida de una persona inocente a la que se nos pide que asesinemos) en el que se fundamenta una obligación moral. Por lo tanto, es imposible que nos preocupemos tanto por el valor del estado de cosas que realizar que el interés incondicional se explicara por lo que encontramos en la acción moral. Por tanto, el valor (moralmente relevante) del objeto de una acción no puede ser el único motivo de la acción moral. Esto se hace más evidente si pensamos en ejemplos en los que no haríamos ningún sacrificio por el valor del objeto de una acción moral. Normalmente, es ciertamente parte de la acción moral que estemos dispuestos a sufrir ciertos sacrificios (totalmente independientes de la cuestión de la obligación moral) solo en aras del valor del estado de cosas que realizar (por ejemplo, en aras del valor de un niño inocente que cae al agua o de un niño a punto de ser abortado). Sin embargo, en otros casos más raros de acciones moralmente obligatorias, no necesitamos tener ningún interés en el objeto de la acción como tal; incluso podemos desear que no exista. Si, por ejemplo, después de la Segunda Guerra Mundial, Hitler, como persona privada, se hubiera estado ahogando y nosotros hubiéramos podido ayudarlo sin arriesgar nuestra vida, estaríamos obligados a salvarle la vida. Del mismo modo, estamos obligados a omitir la acción de la eutanasia en el caso de un enfermo de cáncer moribundo. En ambos casos, está totalmente permitido no solo no realizar ningún sacrificio en aras del estado de cosas respectivo como tal que ha de realizarse mediante la acción, sino incluso desear o esperar que ocurra lo contrario y que Hitler o una persona que sufre gravemente pueda morir.

Estos casos muestran muy claramente que es imposible que el valor del estado de cosas que realizar mediante una acción sea motivo suficiente para el interés incondicional de un agente moral, y que la acción moral no constituye simplemente una respuesta adecuada al valor del objeto y del estado de cosas que salvar o realizar mediante nuestra acción.

Una vez más, nos encontramos ante una dificultad aparentemente insuperable, una aparente antinomia. Por un lado, la importancia del estado de cosas que ha de realizarse mediante una acción moral tiene un impacto decisivo sobre la acción moral y su motivación. Por otro lado, la naturaleza específica de la propia acción moral no parece permitir considerar la acción moral como motivada por el valor del estado de cosas realizado mediante la acción (que, ciertamente, no siempre y no exclusivamente, y nunca completamente, explica todo el peso de nuestra obligación moral).

La solución a esta dificultad debe buscarse en la siguiente dirección: por una parte, el objeto de la acción moral y la importancia de este objeto desempeñan un papel decisivo para la acción moral y su motivación. Por otra parte, este objeto no es el motivo único y suficiente de la acción moral. La verdad de esta tesis se pondrá de manifiesto al examinar otras respuestas a la pregunta de cuál es el motivo de una acción moral.

Segunda respuesta:
El deber moral como tal motiva la acción moral

Un análisis más profundo de la acción moral muestra que en ella hay algo que difiere tanto del sujeto como del objeto de la acción, a saber, la obligación moral. Esta se caracteriza por los siguientes rasgos.[45] En

---

[45] En su *Ética*, D. von Hildebrand no reconoce explícitamente como una entidad por derecho propio a la obligación moral (deber) a la que se enfrenta el agente moral desde el lado del objeto (véase p. 319 y ss.). Allí, considera motivos principales (o exclusivos) de la acción moral, por un lado, el valor del bien del lado del objeto y, por otro lado, el valor moral de la propia acción. En *Morality and Situation Ethics*, p. 63 y ss., D. von Hildebrand investiga exhaustivamente la obligación moral e introduce la importante distinción entre obligación formal y material. En relación con esto, se llama la atención sobre la obligación moral como un nuevo momento frente al bien moralmente relevante, aunque no como una «entidad por derecho propio» en el sentido que se va a explicar, pues la obligación moral se entiende, principalmente, como una exigencia de dar la respuesta que se debe al bien moralmente relevante (véase *op. cit.*, pp. 131-132).

Hildebrand no presenta la obligación moral como algo que exige una respuesta que va más allá de la respuesta al objeto moralmente relevante como tal, como algo que exige una respuesta propia que, en la mayoría de los casos, no se debe precisamente al objeto de la acción moral. Como segundo motivo de la acción moral, en esta obra solo se elabora el valor moral de la propia acción, de forma similar a como se hace en su *Ética*. Se sugiere que la conciencia moral consiste, principal o exclusivamente, en la respuesta a este valor. En mi opinión, esta es la razón por la que Hildebrand debe diferenciar cuidadosamente la conciencia moral de una autorreflexión falsa o farisaica: como un interés no erróneamente autoconsciente por el valor moral de la propia acción. Por muy pertinentes que sean estas explicaciones, no deja de ser cierto que se puede determinar la naturaleza de la conciencia moral, independientemente de esta dificultad, por el hecho de que la persona que actúa de un modo moralmente consciente aprehende no solo el valor del lado del objeto y responde a él, sino que aprehende también la realidad enteramente nueva de la obligación moral y responde a ella. Esta obligación se le presenta también como situada del lado del objeto y como un momento enteramente distinto del bien en el que tiene su origen. Véanse también las siguientes explicaciones en el texto. No se trata de negar que la conciencia moral incluye también el interés por el valor moral de la propia acción, sino que esto se explicará más adelante con más detalle.

primer lugar, es totalmente objetiva, es decir, es independiente de los deseos e inclinaciones del agente. Esta objetividad de la obligación moral posee una «inexorabilidad de realidad» igual en rango a la del objeto de la acción. El deber moral posee, en algunos aspectos, una realidad y una objetividad aún más elevadas, que van más allá de la del objeto de la acción. Esto es así, por una parte, por la majestad del deber moral y, por otra, por el hecho de que una obligación moral puede estar presente incluso en el caso de acciones sin éxito. En segundo lugar, sin embargo, con respecto a la realidad de la obligación moral, debe afirmarse que esta depende tanto de la realidad del sujeto como de la situación, o, mejor dicho, del estado de cosas que debe realizarse mediante la acción (es decir, del objeto de la acción). Más exactamente, la existencia de una obligación moral surge del encuentro entre el sujeto y el objeto moralmente relevante, así como de determinados factores de la situación provocada por este encuentro.

No debemos olvidar nunca una verdad importante sobre la acción humana. Aunque en esta, en sentido estricto, la voluntad tenga como objeto inmediato un estado de cosas, la persona que actúa no responde primariamente al valor de un estado de cosas. Incluso si no puede sacar adelante a una persona mediante su acción de salvar su vida, responde principalmente al valor de la persona y a la persona misma a la que salva, y no al valor del estado de cosas de su ser salvado.

La obligación moral nace del encuentro entre una persona y un objeto moralmente relevante y como consecuencia de este encuentro. Ni el objeto como tal (una persona que se está ahogando, por ejemplo) ni el sujeto como tal (la persona salvadora considerada en sí misma) son fundamentos o portadores de la obligación moral, ni la obligación moral existe en el objeto o en el sujeto de la acción moral considerados aisladamente. Por el contrario, esta obligación solo existe cuando el sujeto (el potencial salvador, por ejemplo) se encuentra conscientemente con el objeto (la persona que se está ahogando, por ejemplo) en una situación concreta o cuando reconoce el objeto conscientemente.[46] Para que exista una obligación,

---

[46] Sin embargo, sujeto y objeto pueden coincidir, como ocurre con todas las obligaciones morales relativas a la propia persona (el verdadero respeto a uno mismo y el verdadero amor a uno mismo, así como todas las acciones u omisiones moralmente obligatorias que son

la persona debe reconocer el objeto del que procede la obligación moral. En tercer lugar, incluso después de que se haya producido este encuentro, la obligación moral no existe ni «en» el sujeto ni «en» el objeto de la acción, sino, por así decirlo, «sobre» ellos y «entre» ambos. Sin embargo, no se constituye en absoluto como un «aspecto» o «fenómeno» de un objeto para un sujeto, a semejanza de las diversas formas de fenómenos y perspectivas. La obligación moral no existe en modo alguno solo como una entidad que estaría constituida meramente por personas o por la «intersubjetividad» y la comunidad.[47] Posee una forma de realidad incomparablemente más elevada y objetiva. Está presente «en sí» entre el agente y el objeto de la acción y «sobre» ellos. También tiene el carácter de «irrumpir desde arriba», como una llamada que viene de fuera, como una llamada «espiritual», pero incomparablemente más real que cualquier llamada que venga de un ser humano por su fuerza objetiva vinculante, de la que el agente no puede prescindir ni por sí mismo ni por el ser humano al que se dirige la acción. En efecto, si prescindimos de las formas indirectas de dispensa,[48] ningún ser en absoluto puede cambiar la esencia de esta obligación. Tiene un carácter que no depende de ninguna arbitrariedad humana o divina.

---

consecuencia de ambos y que se refieren a la propia vida, la salud, la integridad corporal y espiritual, el desarrollo, la pureza y otras cuestiones).

Además, existen —solo o principalmente fuera de la esfera de la acción, por supuesto—, obligaciones morales relativas a actitudes y virtudes, obligaciones que son totalmente independientes de una situación particular y que siempre están presentes.

[47] Hoy en día, es especialmente importante hacer hincapié en esto, ya que muchas formas de inmanentismo ético o relativismo enseñan exactamente el punto de vista criticado anteriormente.

Aunque un deber moral se refiera a una comunidad o a otras personas, no es un planteamiento meramente subjetivo de esta comunidad, como no lo es el ser metafísico de estas mismas personas. Sobre la objetividad del conocimiento y, en especial, del conocimiento de los valores, véase J. Seifert, *Erkenntnis objektiver Wahrheit*, así como la bibliografía allí citada. Las realidades que allí se analizan (p. 140 y ss.) como existentes en sí mismas incluyen también la obligación moral, que es totalmente real en sí misma en el sentido que allí se indica.

[48] Tal dispensa indirecta se produce, por ejemplo, si una autoridad suspende un mandato positivo o si una persona a la que hemos hecho una promesa renuncia al cumplimiento de lo prometido. Véase el excelente examen de A. Reinach sobre la promesa en *Los fundamentos a priori del derecho civil*.

Aunque la obligación moral comparte este último rasgo mencionado (su independencia de la voluntad de cualquier persona) con las leyes de las esencias ideales,[49] se diferencia de ellas por un cuarto rasgo: la obligación moral no es en modo alguno una entidad abstracta, algo ideal, un plan universal de esencias. Antes bien, la obligación moral contiene una síntesis única entre concreción histórica dirigida al agente «aquí y ahora» y universalidad en cuanto que se dirigiría del mismo modo a cualquier ser humano en la misma situación, y «eternidad», en cuanto que exige, en su carácter inexorable, una decisión en el tiempo, pero no para el tiempo, sino para la eternidad. Esta puede ser la razón por la que Kierkegaard llama a la obligación moral *aliento de lo eterno*.[50] Conectado con este carácter concreto con el que la obligación moral se dirige al agente —así como con el segundo y tercer rasgo del deber moral identificados anteriormente— está el hecho de que posee un *destinatario* al que se dirige. Este destinatario es, sin embargo, la persona individual que se encuentra en la situación dada y simultáneamente (en contraste con un acto social como una promesa), no una o más personas definidas, sino todas las personas que estarían, bajo cualquier punto de vista, en la misma situación. Además, a diferencia de lo que ocurre en el caso de un acto social —por ejemplo, una promesa—, la obligación moral no procede de un acto espontáneo libremente elegido del «agente». La obligación moral, al menos en lo que se refiere a la forma en que se da, no procede en absoluto de una persona. Más adelante, trataremos el hecho de que la obligación moral también tiene, de un modo totalmente distinto, su origen metafísico último en un ser personal (absoluto) y procede, en cierto modo, de este ser. Sin embargo, esta relación es fundamentalmente distinta de la que se da entre un acto social y la persona que lo realiza. Además, la obligación moral se da inequívocamente como tal antes de que se comprenda cualquier relación de esta con su fundamento personal último de ser.

---

[49] Véase al respecto J. Seifert, *Erkenntnis objektiver Wahrheit*, p. 266 y ss., y del mismo autor, «Bonaventuras Interpretation der augustinischen These vom notwendigen Sein der Wahrheit».

[50] S. Kierkegaard, *Postscriptum no científico y definitivo a Migajas filosóficas*, VII, 125, p. 152. Véanse también las exposiciones posteriores de Kierkegaard sobre la relación de la moral con la eternidad.

En quinto lugar, el deber moral se caracteriza por una seriedad, una inexorabilidad y un carácter absoluto de «deber» que el objeto de la acción moral y el valor del objeto no poseen en absoluto en casi todos los casos de acciones morales.

Esto se ve cuando se considera otra característica (la sexta) de la obligación moral: exige una respuesta única. En rigor, no se puede decir que a la obligación moral se «deba» una respuesta adecuada, ya que, a diferencia, por ejemplo, de una persona, no es un ser portador de valor. Sin embargo, hay que afirmar que el deber moral exige una respuesta única de obediencia, una sumisión absoluta que no puede entenderse en absoluto como una respuesta debida al objeto de la acción. Este tipo de sumisión incondicional no es exigida por la preciosidad de la persona que se ahoga, a la que debemos simpatía, amor, etc., sino que es exigida únicamente por esta obligación específicamente moral.[51] Más adelante, volveremos sobre su fundamento metafísico último.

---

[51] M. Scheler niega explícitamente este objeto o motivo de la acción moral. Véase M. Scheler, *Formalismo*, p. 286 y ss. Scheler considera el «deber» esencialmente opuesto a la propia «inclinación». Incluso interpreta una oposición entre el «deber» y el «querer propio», como si alguien ya no pudiera hacer por deber lo que verdaderamente «quiere él mismo». Finalmente, Scheler ve el elemento del deber como contrario a una acción moral que fluye del propio discernimiento ético. Scheler ve correctamente, por cierto, que poder hablar del deber presupone un ser contingente que es capaz del mal moral. Sería absurdo hablar de deberes divinos, aunque se pueda hablar con pleno derecho de bondad divina. En cuanto existe un ser finito, sin embargo, el elemento de estar obligado es un dato positivo que no se opone en absoluto a la propia voluntad o a la propia intelección. Parece que, en este punto, encontramos en Scheler más una reacción contra el *ethos* kantiano que un análisis fenomenológico de la esencia de la obligación moral. Solo hay que pensar en la experiencia de Florestán que Beethoven ha expresado artísticamente en su *Fidelio* («Dulce, dulce consuelo en mi corazón: ¡he cumplido con mi deber!») para ver hasta qué punto la plena intelección y la actuación gozosa son compatibles con la conciencia de una obligación moral. De hecho, en la base de las obligaciones morales (en contraste con las acciones morales que se eligen libremente), como la obligación de no mentir o de actuar con justicia, hay incluso un «deber necesario», metafísicamente único, que se manifiesta en los seres humanos como una conciencia del deber y en Dios como una imposibilidad de actuar de otra manera. El carácter absoluto del deber de no mentir o de juzgar con justicia, en el plano contingente, es un espejo de la necesidad absoluta de que una persona divina absolutamente buena nunca pueda juzgar injustamente o mentir. La respuesta a este «deber necesario» (deber) solo puede ser libre (un ser no libre nunca podría responder a tal «deber»); constituye incluso un cumplimiento del significado más elevado de la libertad.

Kant lo señala con estas palabras: «El deber es la necesidad de una acción por respeto a la ley. Por el objeto, como efecto de la acción que me propongo realizar no puedo tener nunca [...] respeto».[52]

En efecto, sería un error importante en ética pasar por alto la diferencia fundamental entre la obligación moral y el objeto de la acción moral, así como la existente entre sendos tipos de toma de posición correspondientes a cada uno de estos dos elementos. Sin embargo, sería un error ético aún más grave —un error que Kant comete en las nociones básicas de su ética—[53] negar que la obligación moral depende estrictamente de la importancia del estado de cosas que realizar aunque la obligación esté, en la mayoría de los casos de acciones morales,[54] «emancipada» de este estado de cosas o, más bien, aunque constituya, en relación con este estado de cosas, un elemento enteramente nuevo. Aun así, la obligación moral, en un sentido más estricto y en un sentido más amplio, depende enteramente de la naturaleza del objeto de nuestro acto y del estado de cosas que realizar.[55] En el caso de un estado de cosas completamente neutro, es imposible que exista un deber moral de realizarlo. Así pues, la existencia de un deber depende de la importancia del estado de cosas que debe realizarse. Además, el rango y la gravedad de la obligación moral de actuar dependen estrictamente de la naturaleza, el rango y la gravedad del estado de cosas que hay que realizar, pero no en el sentido de que un estado de cosas caracterizado

---

[52]   I. Kant, *Fundamentación*, BA 14 (p. 38).

[53]   Véase la nota 13.

[54]   Esto no se aplica a todas las acciones morales, en la medida en que son posibles acciones morales en las que la respuesta adecuada a sus objetos y la respuesta a la obligación moral coinciden en el sentido de que la obligación moral no exige la «toma de posición», sino que consiste en dar al objeto de la acción moral la respuesta que ese objeto exige. Este es, por ejemplo, el caso de algunas acciones que se relacionan con valores morales (por ejemplo, con la obligación de evitar una ocasión de mal moral o con los deberes religiosos relacionados con Dios).

[55]   Una obligación moral depende, en sentido pleno, de un estado de cosas que realizar cuando la relevancia moral que caracteriza al estado de cosas según su esencia es el fundamento de la obligación moral (por ejemplo, en el caso de salvar una vida humana, impedir un acto inmoral, etc.). La obligación moral solo depende en un sentido más amplio de un estado de cosas que debe realizarse en aquellos casos en los que un estado de cosas solo adquiere importancia «desde fuera»; por ejemplo, a través de una promesa o un mandato positivo. En estos casos, el estado de cosas se hace obligatorio solo por su propiedad de ser «algo prometido» o «algo prohibido».

por una mayor importancia incluya siempre automáticamente una obligación más grave e incondicional de realizarlo, sino en el sentido de que la importancia y la naturaleza del estado de cosas en cuestión determinan siempre estrictamente el tipo de obligación moral relativa a este estado de cosas. Si, por ejemplo, están en juego la salud de un paciente que no padece una enfermedad que pone en peligro su vida y la *vida* de otro, la importancia superior y «más urgente» de la vida (por cuanto constituye el fundamento básico de todos los demás bienes personales) exige que se salve primero la vida de este último si las demás circunstancias de las dos situaciones son iguales. De nuevo, un mal muy leve (un dolor insignificante) por parte de otro no impone a la persona que se percata del dolor, al encontrarse con el que sufre, la obligación incondicional de intentar aliviar ese dolor, aunque tenga poder para hacerlo. Sin embargo, en el caso de un gran dolor, tal deber se le impone incuestionablemente. Se muestra igualmente claro que, en el caso de las acciones negativas, la gravedad de la importancia del objeto (la «materia») de la acción es decisiva para el grado de inmoralidad de la acción. Por ejemplo, engañar a otro con respecto a un bien insignificante para él (una pequeña ganancia comercial) es inmoral en un grado mucho menor que engañarlo con respecto a un bien elevado para él (por ejemplo, con respecto al amor de su esposa por él, como lo encontramos en *Otelo*, de Shakespeare, donde Yago engaña a Otelo y alega la infidelidad de su esposa). En una palabra, el rango del valor, la gravedad de la importancia de un bien para una persona, su urgencia y otros factores de la importancia del objeto en cuestión determinan estrictamente la existencia, la naturaleza, el grado y la urgencia de una obligación moral. En consecuencia, pretender separar la obligación moral de su objeto, como intenta claramente Kant en su formalismo,[56] es un error radical que contradice los datos más evidentes de la ética.

Además, tan importante como es reconocer con Kant que la obligación moral exige una *única* respuesta (respeto) y sumisión, es igualmente importante reconocer simultáneamente que precisamente la obligación moral exige también del agente dar la respuesta debida a la importancia del estado de cosas que realizar. Sería francamente

---

[56] Véase la nota 13.

inmoral y, en consecuencia, no constituiría un cumplimiento de nuestro deber moral si estuviéramos interesados exclusivamente en cumplirlo y no lo estuviéramos en absoluto en la realización del estado de cosas que realizar por razón de la importancia que lo caracteriza. Se puede, sin duda, conceder a Kant que un interés exclusivo en el bien moralmente relevante por parte del objeto (un alivio del sufrimiento, por ejemplo), como muchas visiones éticas propagan hoy en día, no fundamenta una acción moral real, al menos en la mayoría de los casos.[57] Utilizando la terminología y la intelección de Kant, se podría hablar aquí de una acción que, si bien es conforme al deber (es objetivamente conforme a la obligación moral), no es una acción «por deber», es decir, una acción que también está motivada por seguir el deber moral. Además, esta obligación moral —cuyo reconocimiento no tiene nada que ver con el legalismo o con una ética del derecho, sino que es un dato básico de la esfera moral— se dirige a la persona de un modo original, la toma incomparablemente en serio y no constituye en absoluto una legalidad abstracta despersonalizadora.[58]

---

[57] En algunos casos, ese interés exclusivo por el objeto de la acción, sin un interés por el valor moral de la propia actuación, es imposible. Esto se aplica, por ejemplo, a todas las acciones que tienen por objeto la realización de valores morales o la evitación de desvalores morales, así como a la voluntad de evitar una situación que le seduzca a uno hacia males morales. Véase la nota 40.

[58] Así es como los éticos de la situación presentan la obligación moral. Véase la elaboración del carácter de la moralidad como totalmente dirigida a la persona en D. von Hildebrand, *La esencia del amor*, p. 254: «En esta situación, en la pura entrega al valor significativo moral como tal, existe, por un lado, un punto culminante de la trascendencia. Por otro lado, esta llamada contiene de modo eminente el elemento *tua res agitur* en la medida en que es moralmente obligatoria. Esta llamada es, en cierto sentido, mi asunto más íntimo y personal, en el que experimento a particularidad de mi ser. En ella se engranan entre sí la más alta objetividad y la suprema subjetividad».

Resulta paradójico que, especialmente, la ética de situación y el tipo de utilitarismo que va —sobre todo en Fletcher— en su mayor parte de la mano con ella y que desea acabar con las obligaciones absolutas, sea antipersonalista. Esto se manifiesta también en la reinterpretación que hace Hegel de la ética —parecida a la del utilitarismo—, en cuya visión debe denominarse *ética de la situación histórico-universal*, según la cual el valor de un individuo consiste en su eficacia en la historia mundial. Kierkegaard pone de manifiesto, magistralmente, el efecto antipersonalista de cualquier filosofía de este tipo, así como el carácter absolutamente personal de la obligación moral en sus *Postscriptum*: «Desde un enfoque ético, aquello que hace que la obra pertenezca al individuo es la intención, pero precisamente esto es lo que no se incluye en la historia universal, pues aquí la intención histórico-universal es la que cuenta. Desde un punto de vista histórico-universal, veo el

A este deber moral como tal corresponde una respuesta única; y solo una acción que efectivamente tiene lugar también «por este deber», por «obediencia» a este deber, puede ser designada como una acción «por deber» y, puede, siempre que esté presente una obligación moral,[59] ser portadora de un valor moral pleno.

Sin embargo, si se ve que la acción *no es exclusivamente* «por deber», sino que está motivada *también* por el hecho de que el agente está dando la respuesta debida a la importancia del estado de cosas que realizar y a las personas amadas y afirmadas en sus acciones, entonces el hecho de que la acción tenga lugar «por deber» adquiere un carácter enteramente distinto de la forma aislada y, por ello, distorsionada en la cual Kant lo presenta. Así pues, lo que está en juego es la interpenetración orgánica del primer y del segundo motivo de la acción moral que fueron discutidos. Por poner un ejemplo, en el caso de un deber moral de corregir un estado de cosas que hemos presentado incorrectamente y de informar a otra persona de una verdad decisiva para su bienestar, debemos estar preocupados por el cumplimiento del deber moral. Pero, simultáneamente, también debemos estar genuinamente

---

efecto; desde un enfoque ético, veo la intención. Pero cuando veo éticamente la intención y comprendo lo ético, me doy cuenta también de que todo efecto es infinitamente indiferente, de que aquello que era el efecto es completamente irrelevante, y es entonces que, naturalmente, no puedo ver lo histórico-universal» (p. 156). «Desde una perspectiva histórico-universal, no puede verse la culpa del individuo así como es, es decir, como solo puede serlo en la intención, empero, puede verse la obra externa inmersa por la totalidad, la cual retoma para sí la consecuencia de la obra. El observador de la historia universal puede ver, por consiguiente, algo que éticamente es del todo confuso y absurdo, puede ver que la bienintencionada obra acarrea para sí la misma consecuencia que la obra de mala intención —el mejor de los reyes y el tirano son causa de la misma calamidad. [...] Él observa algo que éticamente es un escándalo, a saber, que desde un enfoque histórico-universal es preciso anular finalmente la verdadera distinción entre el bien y el mal, porque semejantes categorías solo tienen valor para el individuo, y, de modo auténtico, para cada individuo solamente en su relación con Dios» (pp. 156-157).

Especialmente en su énfasis en convertirse en sujeto como tarea suprema, Kierkegaard destaca como el yo último, la persona completamente individual, despierta cuando se enfrenta a lo absoluto de una exigencia moral. No se puede negar que Kierkegaard, debido a su uso equívoco del término *subjetivo*, en algunos pasajes pone en duda la objetividad de los factores que motivan el acto moral; de este modo, él mismo muestra tendencias a una ética de la situación. En nuestra opinión, sin embargo, este aspecto de Kierkegaard no afecta en absoluto a su preocupación ética más íntima.

[59] Como hemos visto, también hay acciones que son moralmente buenas sin ser obligatorias. Véanse las notas 7 y 8.

preocupados por el hecho de que el estado de cosas sea comunicado y de que la verdad sea conocida por el otro. Además, cumplimos con nuestra obligación solo si también estamos verdaderamente preocupados por la realización del estado de cosas caracterizado por una importancia de la que procede efectivamente la obligación. Solo a partir de este punto puede explicarse también la dación elemental de una jerarquía de obligaciones —que es totalmente incomprensible, dado el punto de partida de Kant—. Tal como están las cosas, el dato original de la obligación moral misma solo puede hacerse comprensible sobre la base de esta percepción ética, mientras que no puede explicarse en absoluto meramente sobre la base de un criterio de una máxima general y no contradictoria de actuar, una máxima que está presente también en casos moralmente neutros.

A tal teoría de una motivación doble o compleja de la acción moral se podría objetar que enseñaría una multiplicidad de motivaciones en lugar de una unidad y que esto es poco filosófico. Investigaremos lo infundado de tal objeción y mostraremos que solo la realidad puede decidir si reconocer varios principios o un solo principio para la explicación de algo es la actitud más filosófica.[60]

---

[60] W. D. Ross lo subrayó magistralmente en su discusión sobre el utilitarismo hedonista. Véase W. D. Ross, *Fundamentos de ética*, pp. 70-71: «El criterio que no admite más que una intuición —la de que únicamente es correcta la producción del máximo bien— satisface nuestro natural deseo de alcanzar unidad y simplicidad en nuestra teoría moral. Abrigamos el deseo natural de llegar a un solo principio a partir del cual puedan deducirse la corrección o incorrección de todas las acciones. Pero es más importante que una teoría sea verdadera antes que simple, y yo he intentado demostrar que un sistema que no admite más que esta intuición única es falso con respecto a lo que en realidad pensamos acerca de lo que determina que los actos sean correctos o erróneos. [...] A mi juicio, es un error de principio pensar que existe alguna suposición en favor de la verdad de la teoría monista y en contra de la pluralista tanto en moral como en metafísica. Cuando tenemos que habérnoslas con dos o más notorios fundamentos de corrección, es justo examinarlos a fin de descubrir si poseen un solo carácter en común; pero si no nos es posible encontrarlo, no tenemos ninguna razón para dar por sentado que el fracaso se debe a la poca consistencia de nuestro pensamiento y no a la naturaleza de los hechos. Lo mismo ocurre en la metafísica. Cuando encontramos dos tipos de entidad que son *prima facie* enteramente diferentes, tales como los cuerpos y las mentes, es justo preguntarse si no son dos formas del mismo tipo de entidad, pero no hay ninguna razón para suponer que necesariamente lo sean. Y si luego de examinarlos no podemos hallar en ellos ninguna unidad esencial, es más prudente aceptar este resultado que presumir que debe tratarse de una unidad que nosotros no hemos descubierto. No hay razón alguna por la cual todas las sustancias del mundo sean modificaciones de un modelo único».

Naturalmente, en este punto se plantea la siguiente importante cuestión ética: ¿cómo se relacionan entre sí los dos motivos de la acción moral que se han analizado hasta ahora y cuál de ellos tiene prioridad?

En general, se puede responder a esta pregunta que la respuesta a la importancia del objeto tiene prioridad en la medida en que la propia obligación moral se fundamenta en este objeto, depende en su contenido de él y solo puede conocerse a través del reconocimiento de la importancia de este objeto. Además, la obligación está relacionada con este objeto. Por otra parte, el motivo, en el sentido de que la acción se produce «por deber», tiene prioridad en la medida en que está presente en todas las acciones moralmente obligatorias y en la medida en que exige una sumisión especial absoluta que no debe rechazarse ni siquiera en aras de un fin que puede ser tan elevado, mientras que en muchos casos de acciones morales el estado de cosas realizado no exige en absoluto una sumisión similar. En algunos casos, podemos incluso desear que el estado de cosas que realizamos ni siquiera exista o que el estado de cosas que no debe ser realizado por nosotros exista (como la liberación de una persona que sufre de su dolor a través de la muerte). Esta cuestión tendría que ser investigada considerando uno por uno todos los casos posibles de acciones obligatorias. Entonces, dos cosas se mostrarían claramente: por un lado, la sumisión al deber moral tiene en todos los casos prioridad para nuestra motivación, o, mejor dicho, debería tener prioridad. Mientras exista un deber moral, y mientras este no sea «sustituido» en una situación dada por un deber superior y más urgente (como el deber de cumplir un acuerdo que es sustituido por el deber superior y más urgente de salvar una vida), no debemos desobedecer una obligación moral, aunque pudiéramos, mediante esta desobediencia, aportar un valor moral muy superior al de nuestra propia acción —algo imposible en sí mismo—. En este punto, la realidad moral y el utilitarismo se contradicen de la forma más flagrante. Sean cuales sean las consecuencias de nuestras acciones, sea cual sea el estado de

---

Con respecto a la analogía de la diferencia metafísica última entre espíritu y materia (alma y cuerpo), que es irreductible a una unidad, véase J. Seifert: *Leib und Seele*, p. 3 y ss.; p. 170 y ss.; p. 189 y ss., y *What is Life? On the Originality, Irreducibility and Value of Life.*

cosas que se produzca en el lado del objeto, debemos dar en todos los casos prioridad al deber moral que se dirige a nosotros porque se dirige al individuo de un modo profundamente personal como *tua res agitur* y no me estaría permitido desobedecer ni siquiera en el caso imaginario de que por desobedecer un deber moral se produjera algo más valioso en sí mismo en el lado del objeto.[61] Esto muestra claramente la prioridad motivacional que ha de tener la obediencia al deber moral en todos los casos de acciones moralmente obligatorias, como puede saberse claramente a través de una intelección de la esencia inteligible de lo moral.

Por otra parte, hay casos en los que, en cierto modo, deberíamos preocuparnos más por el objeto de nuestra acción moral que por el cumplimiento de nuestro deber como tal. Digo «en cierto modo» porque esto no es en absoluto contrario a la prioridad que la obligación moral debe tener siempre en la motivación, prioridad que acabamos de subrayar. En el ámbito de la acción, debo obedecer «primariamente» a esta obligación en todos los casos. Sin embargo, si con «estar motivado» se hace referencia a la «toma de posición» exclusivamente interna de la voluntad en la medida en que se afirma algo en su ser y se da un asentimiento de la voluntad a ello,[62] a la alegría y al amor sancionados[63] o a un querer, entonces el agente

---

[61] Como ya se ha mencionado, esto es válido incluso para la situación ficticia de que pudiéramos evitar, como efecto de una acción moralmente mala, un mal moral mayor o provocar un bien moral. Esto muestra que la singular «absolutez» de la obligación moral no solo se deriva del hecho de que el desvalor moral supera con creces todos los males extramorales, sino también de que la obligación moral ordena y se dirige a la persona «en todas las circunstancias» e «independientemente de todos los efectos». Señala al agente que sus acciones tienen un peso propio «último», un peso tan absoluto que nunca puede ser considerado un medio para otros fines. Antes bien, la bondad y la maldad propias de sus acciones deben ser consideradas con total prescindencia de los posibles efectos. Esto arroja una luz más profunda sobre la absolutez de la moralidad que se ha explicado en las pp. 39-48 (y notas 42 y 43).

[62] Esta es la primera perfección de la voluntad en cuanto no se limita a la esfera de la acción. Véanse las notas 2 y 4.

[63] Véase D. von Hildebrand, *Ética*, p. 367 y ss. Allí, se demuestra que respuestas afectivas, como la alegría o el amor, también pueden convertirse en portadoras de valores morales si son sancionadas por el libre albedrío (mediante el uso de la libertad cooperadora). El análisis de la libertad cooperadora y de su papel central dentro de la moral es de las aportaciones más significativas que D. von Hildebrand ha hecho a la ética.

moral, en muchos casos, debería dejarse motivar más por el estado de cosas que realizar. En este caso, cometería una injusticia si en este sentido estuviera interesado «sobre todo» en cumplir con su deber moral. Aun prescindiendo en este contexto de la motivación de las respuestas que acompañan a la acción y también de la influencia que la libertad indirecta ejerce sobre ellas,[64] debemos distinguir aquí, no obstante, entre la respuesta interna de la voluntad del agente y el elemento de la acción que antes se ha designado como voluntad de realizar el respectivo estado de cosas. Y, sobre la base de esta distinción, podemos decir que la respuesta interna de la voluntad del agente debe en algunos casos y en cierta manera dejarse motivar más profundamente por el objeto que realizar que por la obligación como tal. En tales casos, la respuesta interna del agente debería dirigirse, en cierto modo, más al estado de cosas que realizar y a la persona o bien con el que se relaciona que a la obediencia a la obligación como tal. Y, si esto no fuera así, el agente actuaría incluso inmoralmente. El caso más claro de esto es la acción religiosa, por ejemplo, la acción de un sacerdote católico que dice misa, creyendo en la doctrina católica (este ejemplo es comprensible también para alguien que no comparta la fe católica, pero que, sin embargo, comprende los deberes morales que objetivamente tiene alguien que comparte esta fe, pues el deber moral existe incluso respecto de estados de cosas meramente supuestos).[65] Este sacerdote, al cumplir con su deber de decir misa un domingo,[66] debe preocuparse infinitamente más por el acontecimiento objetivo, así como por el valor superior al que sirve, que por cumplir con su deber como tal. En la esfera de la acción debe, ciertamente, dar siempre prioridad al deber. Pero, puesto que, en este caso, el valor del estado de cosas que realizar es superior al valor moral de su propia acción, esta superioridad debería reflejarse en una cierta prioridad motivacional de la respuesta al valor de este estado de cosas.

---

[64] Véase la nota 63.

[65] Con esto no quiero sugerir en modo alguno que la doctrina católica sobre la santa misa se refiera a estados de cosas que solo son supuestos. Con fe en la verdad de la doctrina católica sobre el sacrificio de la misa revelada por Dios, apelo, sin embargo, como filósofo moral, también a la comprensión ética de quienes no comparten esta fe.

[66] No está necesariamente sujeto a este deber, pero puede estar presente debido a ciertos factores (por ejemplo, la obediencia).

El estado de cosas que en sí mismo es más significativo es también, en cierto modo, «más deseable» por nosotros. Esto también puede entenderse a través de ejemplos de la moral natural. Cuando tratamos, por ejemplo, de evitar un gran mal moral (asesinato o adulterio, por ejemplo) mediante un simple consejo que estamos obligados a dar, deberíamos, en el sentido característico, estar más preocupados por la realización del estado de cosas que por el cumplimiento de nuestro deber como tal. La respuesta a la gravedad de la importancia del estado de cosas que realizar debería tener cierta prioridad, sin afectar en absoluto a la diferente prioridad del deber moral, al menos en lo que respecta a nuestra respuesta interior de la voluntad, que está en la base de nuestro actuar.

Llegados a este punto, puede parecer que el descubrimiento de dos factores diferentes para la motivación de la acción moral y la explicación de la relación que guardan entre sí han respondido suficientemente a la cuestión relativa a esta motivación. Sin embargo, nuestro examen de otras respuestas a esta pregunta mostrará que esto es erróneo.

Tercera respuesta:
El valor moral de una acción
es simultáneamente el motivo
de la acción

Una investigación detallada de la acción moral muestra que el valor moral inherente a una acción moral también motiva a esta acción. Ni el objeto de una acción moral tiene necesariamente valor moral[67] ni la obligación moral como tal tiene nunca valor moral. La bondad moral de un acto es, sin embargo, una perfección única de este acto, una perfección que tiene los siguientes predicados incomparables: solo una persona puede ser su portadora, está enraizada en la libertad, implica responsabilidad, conciencia, mérito y es merecedora de una recompensa. La plenitud singularmente loable de valor de un acto moral no puede, en el caso de muchas acciones morales, encontrarse en modo alguno en los estados de cosas que realizar (la vida de una persona que se ahoga, por ejemplo, no tiene valor moral alguno) Además, la obligación moral en sí misma nunca es loable, meritoria ni portadora de otros predicados morales.[68]

Muchas expresiones cotidianas sacan a la luz o sugieren que este valor único de la acción moral como tal también desempeña un papel en la motivación de una acción moral. Así, alguien puede

---

[67] A menudo, el estado de cosas moralmente relevante que una acción debe realizar es un estado extramoral, aunque la acción sea moralmente buena. Así ocurre, por ejemplo, cuando se alivia un sufrimiento físico o espiritual, se salva una vida y en casos similares. En otros casos, el valor moralmente relevante del objeto es en sí mismo un valor moral, como en el caso de un empeño dirigido a preservar la pureza moral de un niño.

[68] Esta obligación moral sigue estando presente incluso en el caso de la acción moralmente mala y condena esta última, como en el caso del asesinato, por ejemplo. Por tanto, en este caso, se puede hablar muy bien de obligación moral (igual que en el caso de una acción buena), pero no de bondad moral.

decir que desea ser bueno, que desea ser mejor y moralmente más perfecto. Muchas personas pueden decir o pensar que desean hacer el bien, librarse de sus faltas morales, etc. Esto se expresa también en el principio básico reconocido por la filosofía tradicional, principio que ha sido considerado el primero y más evidente de todos los principios morales: «Lo que es bueno debe hacerse; lo que es malo debe evitarse».[69]

D. von Hildebrand introduce el valor moral nuevo y decisivo motivo básico de la moralidad. Para él, la diferencia entre la persona «moralmente inconsciente» —que no se da cuenta de todo el valor moral— y la persona «moralmente consciente» radica, precisamente, en que la primera se preocupa por el valor del estado de cosas que realizar, pero no por el valor moral de su propio acto, mientras que la persona moralmente consciente es motivada también por el valor moral de su propio acto.[70]

Contrariamente a esto, Max Scheler rechaza por completo este motivo de la acción moral:

> No obstante, tiene razón en un punto Kant. Es imposible, por ley esencial, que las materias de valor *bueno* y *malo* se conviertan a su vez en materias del acto realizador (voluntad). Por ejemplo, el que no quiere hacer bien a su prójimo —de manera que le interese la realización de ese bien— y toma solo la ocasión para ser bueno o hacer el bien en ese acto, no es bueno ni hace verdaderamente el bien, sino que en realidad es una especie de fariseo que quiere solamente aparecer bueno ante sí mismo. El valor *bueno* se manifiesta cuando realizamos el valor positivo superior (dado en el preferir); manifiéstase precisamente en el acto voluntario. Por esto mismo no

---

[69] Véase santo Tomás de Aquino, *De Veritate*, q. 16 a. 1, 2, especialmente a. 2, resp.; véase también *Suma de teología*, I-IIae, q. 94 a. 2. Ciertamente, en este contexto, falta en la filosofía escolástica una distinción clara entre la bondad moral de un acto y la bondad moralmente relevante del objeto de una acción moral (como la educación de los hijos o la devolución de un objeto prestado). Podemos utilizar la formulación de este principio moral básico en nuestro contexto solo en la medida en que se refiere a lo que es moralmente bueno y malo como tal

[70] D. von Hildebrand, *Ética*, p. 302 y ss. Allí, se muestra como la voluntad general de ser moralmente bueno y el estar motivado por el peso moral de la propia intervención son, de hecho, respuestas al valor que no son farisaicas ni erróneamente egoístas y que pertenecen esencialmente a la conciencia moral. Véase también la nota 45.

puede ser nunca materia de ese acto voluntario. Hállase justamente —y esto de un modo forzoso y esencial— a la espalda de aquel acto voluntario; por consiguiente, tampoco puede ser intentado nunca en aquel acto.[71]

Scheler ve aquí, sin duda, que el interés del agente moral en el valor del estado de cosas que realizar es decisivo y que un interés aislado en el valor moral del propio acto (sin un interés en lograr el bienestar del prójimo, por ejemplo) puede incluso destruir este valor moral. En este sentido, el valor moral de una acción aparece, efectivamente, «a la espalda» de la acción.

También hay que estar de acuerdo, con Scheler, en que el fariseísmo implica esencialmente aislar el interés por la propia bondad de toda preocupación por el bien que realizar. (El fariseísmo implica, por cierto, una perversión aún mucho más profunda y un interés no genuino en el valor moral de la propia acción).[72]

Sin embargo, la cita de Scheler contiene las siguientes tesis, que son a la vez erróneas y contrarias a la naturaleza de la motivación de las acciones morales. En primer lugar, Scheler afirma, al menos implícitamente, que cualquier interés aislado en la bondad propia es farisaico. Sin embargo, como ha demostrado el análisis que D. von Hildebrand realiza de otras actitudes de autoestima, este no es el caso. Hay una preocupación escrupulosa por la bondad de los propios actos que carece de todos los rasgos específicos del fariseísmo.[73] En segundo lugar, Scheler afirma, al menos implícitamente, la tesis de que el interés por el valor moral del propio acto incluye necesariamente una falta de interés por el objeto. Pero, sobre todo, nuestra cita de Scheler afirma explícitamente que el valor moralmente bueno no puede pretenderse nunca en este acto. Esto parece negar apodícticamente que un acto moral pueda estar motivado por el valor moral que la acción produce. Sin embargo, esto es claramente falso, como ha demostrado

---

[71]   M. Scheler, *Formalismo*, pp. 74-75.

[72]   Es decir, el interés por los valores morales de las propias acciones está al servicio de la propia grandeza, del placer en la propia grandeza y de la autoglorificación. Véase el análisis de D. von Hildebrand sobre el fariseo en *Ética*, p. 513 y ss. Véase también la bibliografía citada por Hildebrand en la nota 28.

[73]   Véase D. von Hildebrand, *Ética*, p. 307 y ss.

convincentemente D. von Hildebrand.[74] En primer lugar, un agente no tiene en absoluto que pretender el valor moral de su propia acción necesaria o primordialmente[75] de forma reflexiva como algo que le «adorne». Más bien, puede considerarlo una «tarea» objetiva, algo que realizar por él. Esto ni siquiera incluye necesariamente la reflexión, y mucho menos una falsa autorreflexión o fariseísmo, como afirma Scheler. Por el contrario, la percepción de la llamada a realizar valores morales contiene una especial objetividad y subordinación del agente moral. Esto es así porque estos valores se caracterizan por una objetividad y majestad únicas. Además, la conciencia que el agente moral tiene de la llamada a realizar estos valores morales va acompañada de una humildad singularmente especial que nunca podría fundamentarse en la mera realización del objeto y que está motivada por la conciencia de lo poco que el agente moral está a la altura de esta tarea. Además, el interés por el valor moral de la propia acción no es en absoluto necesariamente un farisaico «dar vueltas alrededor de uno mismo» y un autoglorificarse. Es más bien una «toma de posición» que responde a un valor[76] en la que se quiere el valor moral por su preciosidad interior, que, como ya se ha dicho, supera con creces todos los valores extramorales de los estados de cosas que realizar. Sería una actitud decididamente contraria a la ética no querer el valor moral mucho más elevado de la propia intervención (en el caso de salvar una vida, por ejemplo) y aspirar únicamente al valor de la vida humana del lado del objeto.

---

[74] Véase D. von Hildebrand, *Ética*, p. 305 y ss.

[75] Una cierta conciencia de los propios valores morales no los destruye. Así lo demuestran Sócrates, tal como lo describe Platón en *Apología*, san Pablo, que dice de sí mismo: «He combatido el buen combate…», y muchos otros, en la medida en que encontramos aquí una conciencia no farisaica de los propios valores morales. Sin embargo, según la respectiva toma de posición con respecto a sí mismo, es cierto que la conciencia de la «tarea» moral que realizar debe tener siempre el peso predominante. La conciencia de ser portador de valores morales es aún muy diferente en el caso de Sócrates y en el de san Pablo. En el caso de este último, está unida a la humilde convicción de que, en última instancia, todo lo que hay de bueno en nosotros debe atribuirse a la gracia divina, con la que solo podemos cooperar libremente. Así, san Pablo experimenta que nuestra «capacidad» moral tiene también el carácter de un don que los seres humanos no tendrían de sí mismos ni estando en la esclavitud del pecado. Estos elementos están ausentes en el caso de Sócrates, al menos en esta forma explícita.

[76] Véase la bibliografía mencionada en la nota 73.

Esto queda más claro en la motivación religiosa de la acción sobrenatural. Aquí se busca directamente la realización de los valores morales en nosotros como glorificación de Dios, en el caso del cristiano como camino para llegar a ser como Cristo. En esto toda sombra de una actitud falsamente egoísta desaparece de la persona motivada por el valor moral de la propia intervención.

Sin embargo, incluso al margen de la motivación religiosa de una acción moral, ya en el plano de la moral natural y de su estructura experimentalmente accesible, no hay nada pervertido en estar motivado por el valor moral de la propia intervención. San Anselmo de Canterbury lo señala con agudeza, incluso con un énfasis unilateral: «El justo que pretende lo que debe ser conserva, en la medida en que debe ser llamado *justo*, la corrección de la voluntad a causa de esta corrección, no a causa de otra cosa».[77] Este valor moral de querer lo que debe ser y de estar motivado por la corrección interior del querer debe reconocerse plenamente como un momento decisivo de la conciencia moral.

En relación con los otros dos motivos de la acción moral, este motivo sigue a los otros en cierto orden temporal y lógico. En primer lugar, debe comprenderse la importancia moralmente relevante del estado de cosas que se quiere realizar y la obligación moral que se fundamenta en él para que pueda entenderse el valor moral de la propia acción.

Por otra parte, se puede decir en general: estar motivado por el valor moral de la intervención —motivación, en última instancia, inseparable de la comprensión de la obligación moral y de la respuesta a la misma e inmediatamente posterior a esta comprensión— no tiene por qué experimentarse conscientemente con tanta claridad como el estar motivado por la obligación moral. Sin embargo, la primera «comparte» con la segunda la misma prioridad caracterizada anteriormente con respecto al estar motivado por la importancia del estado de cosas que realizar.

En cuanto a la respuesta interna de la voluntad, es igualmente cierto que, en algunos casos de acciones morales descritos más arriba

---

[77] San Anselmo de Canterbury, *De Veritate*, 12, p. 194. «Por tanto, es justa aquella voluntad que conserva su corrección a causa de esta corrección misma» (ibíd.).

—así como en el sentido allí determinado—, debe tener prioridad también sobre el tercer (al igual que sobre el segundo) motivo de la acción moral

En este contexto, no nos ocuparemos de la cuestión más psicológica de cuál de estos tres motivos puede separarse de hecho de los demás.[78]

---

[78] Probablemente, se mostraría que la motivación de una acción moral a través de valores moralmente relevantes que no son morales en sí mismos o que no se entienden como tales puede darse, en el caso del tipo moralmente inconsciente, aislada de los otros dos motivos. Por otra parte, ni estar motivado por un valor moral que realizar ni estar motivado por la obligación moral pueden darse totalmente aislados de un interés por la propia bondad moral. Estar motivado por la obligación moral (y por el valor moral de la propia intervención) puede, sin embargo, aislarse de estar motivado por el valor moralmente relevante, pero solo a costa de una falsificación del acto moral. No nos ocupamos aquí de cuestiones «psicológicas» puramente empíricas, sino de cuestiones inteligibles de gran importancia para la ética.

Cuarta respuesta:
La universalidad del motivo
de la acción moral

Cuando nos planteamos la cuestión de si un agente moral, en un caso concreto, puede responder a todos los factores mencionados sin estar al mismo tiempo dispuesto, al menos en principio, a responder de manera correspondiente también a factores similares del mismo tipo en otras situaciones individuales de actuación, una mirada superficial a la realidad muestra que esto es imposible.

Sin embargo, dado que es imposible querer solo un estado de cosas individual caracterizado por la importancia, respetar un solo deber moral individual, tener la intención de realizar un solo valor moral individual de una acción, se muestra que, en el caso de toda acción moralmente buena, hay también un elemento universal co-motivador de la acción.[79]

De hecho, nos encontramos con que a cada uno de los tres factores motivadores discutidos hasta ahora le corresponde un «objeto universal» diferente. Los tres motivos de la acción moral discutidos hasta ahora son, sin duda, enteramente individuales y únicos. En una situación dada, es un estado de cosas enteramente definido el que estamos obligados a realizar (no estamos obligados, por ejemplo, a ayudar a las personas que sufren en general, sino a una persona que sufre). También, la obligación moral concreta es enteramente individual, dirigiéndose a nosotros de un modo temporal y enteramente personal. Además, el valor moral de cada acción también es en cada caso absolutamente nuevo e individual. Tiene un valor propio que,

---

[79] Véase la bibliografía mencionada en la nota 74.

por su singularidad, no puede disolverse en el valor de una actitud general, de una virtud o de una disposición en principio a actuar.[80] Cada acción moral añade un nuevo valor al mundo moral, insustituible por otra acción.

Simultáneamente, sin embargo, y por encima de cada uno de estos factores individuales que motivan la acción moral, está presente un factor diferente (aunque íntimamente ligado al factor individual) que también debería motivar la acción moral. Una acción dejaría incluso de existir como acción moral si no estuviera motivada también, al menos implícitamente, por los tres elementos universales siguientes.

Para empezar, el agente moral está motivado no solo por la importancia del estado de cosas individual moralmente relevante. Más bien, responde a mucho más que solo al bien individual moralmente relevante, pues responde también, al menos implícitamente, a todos los bienes que imponen obligaciones. Es imposible actuar de una manera moralmente buena diciendo internamente: «Con mucho gusto acabaré con esta carencia, con esta miseria; pero, en otras situaciones similares en las que me vea obligado a actuar, no lo haré»». En *Crimen y castigo*, de Dostoievski, Raskolnikov se inclina reverentemente no solo ante el sufrimiento de Sonja, sino ante el sufrimiento de «toda la humanidad». Del mismo modo, la persona que actúa moralmente

---

[80] En este contexto, hay que señalar que una virtud es mucho más que una mera disposición para la acción y que también sería un error ético desastroso disolver el valor moral de una virtud en el valor de una acción. Que tanto la ética de D. von Hildebrand como la del tomismo reconozcan el valor que una virtud tiene en sí misma como *habitus* supera claramente la limitación de la ética a una doctrina sobre las acciones tal y como la encontramos en Kant, por ejemplo. El caso de un ser humano que actúa inmoralmente en ocasiones o ámbitos individuales a pesar de una voluntad general de actuar moralmente bien ilustra dos importantes estados de cosas. Por un lado, muestra el hecho de que la respuesta general a «todos los bienes que imponen obligaciones» que pertenece a la esencia de cada acción moralmente buena solo está implícita o que solo necesita estar presente en forma de intención básica. La respuesta moral que forma parte de cada nueva acción moral constituye algo enteramente nuevo frente a esta intención universal buena, aunque esta última esté plenamente «desplegada». Por otro lado, este caso muestra también el conflicto entre la respuesta universal implícita en cada acción moralmente buena y un fracaso en un ámbito parcial de la moralidad. Actuar genuinamente de una manera moralmente buena no puede coexistir sin fricción con otras acciones inmorales. Esto es así solo por el hecho de que todo acto bueno tiene esta intención hacia la universalidad.

siempre responde implícitamente a todos los bienes que imponen obligaciones morales.[81]

Asimismo, el agente moral no solo afirma la exigencia moral individual que le obliga a su acción, sino que implícitamente, al menos, se somete a todas las obligaciones morales allí donde le salgan al encuentro o despierta en sí mismo, al menos en principio, la disposición a hacerlo. Esta apertura a la llamada, no solo de esta obligación moral, sino de todas ellas, pertenece tan esencialmente a la sustancia de una acción moral que tal acción ni siquiera se produce si falta esta disposición. Se podría llamar al factor «universal» que subyace a la obligación moral individual «ley moral universal», a la cual se responde conjuntamente, aunque esta expresión sea en algunos aspectos engañosa.[82]

Por último, el interés por el valor moral individual de una acción moral va unido al interés por el mundo de lo moralmente bueno en su conjunto, al interés por todos los valores morales de la propia persona, pero también por la bondad moral de las demás personas.[83] Sin embargo, en la medida en que uno debe interesarse por la propia bondad moral de un modo completamente distinto puesto que uno es inmediatamente responsable solo de su propia bondad moral, este objeto motivador universal de la acción moral —es decir, toda la bondad moral que debe realizarse por nosotros mismos— pasa totalmente a primer plano frente al interés por la bondad moral de otras personas como voluntad general de que se realice el bien moral y cese el mal

---

[81]   A través de esta respuesta implícita a todos los bienes que imponen obligaciones, la bondad moral de un agente trasciende la situación individual; mientras que la acción como tal permanece limitada al caso individual, la «toma de posición interior» del agente va más allá.

[82]   Esto es así porque la expresión «ley moral universal», especialmente en su versión kantiana, impide fácilmente comprender el modo en que las obligaciones morales se fundamentan en bienes portadores de valores, así como el papel que el ser individual-concreto tiene para la ética y para la dimensión concreta de la obligación moral como dirigida al individuo.

[83]   Este último aspecto queda claro en cuanto uno se da cuenta de cómo cualquier interés por lo moral que se limitara a los valores morales en la propia persona se destruiría a sí mismo. Tal interés acabaría en un egoísmo que disolvería toda moralidad. Pertenece a la esencia de la voluntad general de ser moralmente bueno que también incluya un interés en la realización de la bondad moral en otras personas.

moral. A la voluntad dirigida a que toda la bondad moral se realice por uno mismo, la cual constituye un fundamento necesario de todas las acciones morales verdaderas, puede llamársela también «voluntad universal de ser moralmente bueno».[84] Esta voluntad universal de ser moralmente bueno es también un componente indispensable de la conciencia moral, así como del verdadero valor moral de una acción. Dondequiera que falte esta voluntad, el valor moral de la acción se vería privado de su validez y la acción tendría un carácter meramente accidental, moralmente inconsciente.[85]

Estos tres factores universales que motivan una acción moral deben estar presentes, al menos implícitamente, en cada acción moral real. A menudo, asumen incluso un carácter plenamente consciente y probablemente son experimentados de algún modo por todos los agentes morales. La conciencia de estos factores motivadores universales puede advertirse a menudo en la vida cotidiana y en la literatura en expresiones como «Nunca haré una cosa tan mezquina», «Solo temblaría si alguna vez pudiera ser infiel» (Constanza, en la ópera de Mozart *El rapto en el serrallo*), «Haré lo que he prometido» y en ejemplos similares. Un análisis del lenguaje plenamente al servicio de la comprensión filosófica de la esencia de las cosas podría examinar muy bien la abundancia de expresiones lingüísticas en las que se formulan los diversos factores motivadores universales que se han mencionado como decisivos para la acción moral.

En el ámbito de la epistemología, tanto el nominalismo como un «universalismo» exagerado de corte averroísta que restringe nuestro conocimiento a especies y géneros universales son erróneos.[86]

---

[84] Véase la bibliografía mencionada en la nota 74.

[85] Con ello, hemos distinguido ya tres elementos decisivos que diferencian a la persona que actúa moralmente de forma consciente del tipo moralmente inconsciente: (1) la respuesta explícita a la obligación moral (la llamada moral), (2) la respuesta explícita al valor moral de la propia intervención y (3) la voluntad perteneciente a los tres motivos «universales» de la acción moral.

[86] La tesis de que nuestro conocimiento intelectual se limita a los universales, tal como se encuentra en el tomismo, contrasta con la tesis escotista de que el intelecto también es capaz de comprender a los individuos como tales y que esta capacidad co-determina decisivamente la dignidad especial del intelecto. Duns Escoto vio claramente la comprensión del individuo como individuo, como un logro decisivo del intelecto y como la base de todo amor a las personas. Véase Josef Seifert, «Duns Scotus' Philosophie des Individuums und

Del mismo modo, en el ámbito de la ética, es un error fundamental excluir el papel de los factores motivadores universales de la moral, así como pretender absolutizarlos. La ética de situación se inclina, claramente, al primer error fundamental. Kant al segundo. Es completamente erróneo afirmar que el agente moral solo respondería a los factores individuales de una situación moral y no aplicaría principios morales universales ni estaría motivado por ellos. Pero también es un grave error ético pasar por alto la respuesta completa a la situación concreta e individual y considerar como factores que motivan al agente moral exclusivamente una «ley moral universal» o la «humanidad como tal», concebida abstractamente, y factores similares.

Como en tantos otros casos en filosofía, aquí no nos preocupa encontrar una solución intermedia que no haga demasiado hincapié ni en la situación concreta y los factores motivadores individuales de la acción moral ni en los factores universales. Por el contrario, debemos enfatizar toda la singularidad y todo el peso de ambos. Una clara comprensión y acentuación de uno no lleva en modo alguno a pasar por alto el otro. Al contrario, solo la plena conciencia del reconocimiento y la respuesta a los factores motivadores universales permite ver el verdadero peso y la concreción decisiva y única de una obligación moral, y viceversa. Una ética que, como las éticas de situación, no quiera reconocer los principios universales y, sobre todo, los factores motivadores universales de la acción moral, no conduce a un personalismo que reconozca la dignidad de la persona y a una victoria sobre un legalismo ético abstracto. Por el contrario, como hemos visto anteriormente en nuestro análisis de la obligación moral, la singularidad de cada situación moral y de cada persona se revela especialmente en lo siguiente: es universalmente cierto que no existe ningún bien externo a la acción de una persona en aras del cual esta pueda violar un deber moral. Sin embargo, sería igualmente perjudicial —incluso destructivo— un pleno «volverse hacia» la situación individual (una situación en la que hay que demostrar la fidelidad conyugal, por ejemplo) si la

---

Kritik am Abstraktionismus der aristotelischen Erkenntnistheorie als grandioses Beispiel einer mit dem christlichen Glauben vereinbaren Philosophie».

acción fiel individual no fuera acompañada de una respuesta universal al valor de la fidelidad y potencialmente a todos los bienes y obligaciones que exigen fidelidad.[87]

---

[87] Una vez más, se podría plantear la cuestión de cómo se relacionaría este motivo de la acción moral con los demás. En sentido estricto, solo puede ser temporalmente primero en el caso de acciones que no son moralmente obligatorias; por ejemplo, en la forma de alguien que desea «hacer una buena obra» por la voluntad general de ser moralmente bueno. En el caso de las acciones moralmente obligatorias, los factores universales que motivan la acción aparecen en conexión con y sobre la base de los factores motivadores tratados anteriormente. Además, estos «elementos universales» no motivan principalmente la voluntad de realizar la acción, sino la respuesta antecedente de la voluntad al bien moralmente relevante en cuestión.

Quinta respuesta:
El bien absoluto (Dios) como fundamento motivador de la acción moral

A medida que seguimos profundizamos en la naturaleza de la acción moral, se revela otra realidad que motiva a esta. Este motivo puede ser lúcidamente consciente para el agente moral, pero también puede estar oculto, por así decirlo, a la conciencia explícita del agente moral. Sin embargo, tras una reflexión más profunda, se revela, sobre todo, en la sumisión incondicional al motivo del deber moral, la sumisión al aliento de lo eterno, como lo expresa Kierkegaard. Esta obediencia a la obligación moral absolutamente vinculante contiene, al menos implícitamente, también la sumisión al bien absoluto, a Dios.

El argumento deontológico en apoyo de la existencia de Dios intenta descubrir a través de la esencia objetiva del deber moral el fundamento que hace posible su ser.[88] Para empezar, cabe preguntarse: «¿cuál es el fundamento último de la obligación que fácticamente se dirige a nosotros, cuál es, por así decirlo, la *causa efficiens última del deber moral* que puede experimentarse inmediatamente y que está conectada con las realidades moralmente relevantes?».[89]

---

[88]   He desarrollado ampliamente este argumento en J. Seifert, *Erkenntnis des Vollkommenen. Wege der Vernunft zu Gott*, cap. 5, pp. 81-108 (*Conocimiento de Dios por las vías de la razón y del amor.* cap. 5, pp. 87-118).

[89]   Solo podemos hablar aquí de *causa efficiens* en la medida en que el concepto de *causa eficiente* es compatible con la «fundamentación» inteligible de la obligación moral en el estado de cosas que realizar y en la importancia de este estado de cosas. Una obligación moral no puede ser llamada a la existencia como una cosa a través de una *causa efficiens*. Una vez más, está arraigado en la singularidad especial de la obligación moral el que le corresponda una causa eficiente totalmente especial (en el sentido de una persona que «habla a través de ella», fundamentando su fuerza vinculante metafísica última).

Se pondría de manifiesto (como no puede explicarse aquí con más detalle) que la obligación moral, en su majestad y absolutez como «llamada» personal —una llamada que la mayoría de las veces es mucho más absoluta que los bienes de los que procede—, quedaría metafísicamente inexplicada y privada de su fundamento último de ser si no estuviera enraizada en el ser personal divino absoluto que se dirige a mí personalmente en la obligación moral y a través de ella. Esto se revela aún más claramente en el ser llamado personalmente a rendir cuentas, que se revela, especialmente en la voz de la conciencia, en el ser responsable que acompaña a la obligación moral.[90] Incluso una investigación específicamente ética de la respuesta del agente moral a una obligación moral muestra claramente, sin embargo, que en la acción moral, lo sepa o no, este responde a Dios, al menos implícitamente, y, a diferencia de cualquier otra situación, lo afirma o lo rechaza. El carácter incondicional de la sumisión que exige la obligación moral, su seriedad, incluye necesariamente una respuesta (implícita) a Dios como aquel que se revela a través de la naturaleza misma de la obligación moral como el Señor de nuestra vida —a diferencia, por ejemplo, de una respuesta a una obra de arte como tal—. Esta es la razón por la que el destino de alguien que no conoce a Dios por causas ajenas a su voluntad se determina sobre la base de sus decisiones morales, en las que Dios es aceptado o rechazado.[91] Incluso el noble pagano suele reconocerlo conscientemente, como Sócrates: «Hombres de Atenas, soy devoto de vosotros y os amo; pero obedeceré al Dios más que a

---

[90] Véase a este respecto, sobre todo, J. H. Newman, *Grammar of Assent*, cap. 5, sección 1, p. 97 y ss. Este «ser responsable» se fundamenta, por un lado, en la libertad de la persona y, por otro, en la gravedad única de la obligación moral, así como de la realidad que la fundamenta. R. Ingarden ha examinado detenidamente la esencia de la responsabilidad y sus presupuestos ontológicos. En este contexto, Ingarden muestra en particular cómo la objetividad de los valores, la identidad del sujeto, la estructura de la persona como sustancia, su libertad y la estructura causal y temporal del mundo son, de diferentes maneras, presupuestos ontológicos de la responsabilidad (véase *Sobre la responsabilidad*, p. 39 y ss.).

[91] Esta relación de la moral con Dios, que ha sido reconocida a menudo ya en la Antigüedad (véase nota 92), encuentra, a la luz de la fe, su confirmación explícita en los pasajes de san Pablo relativos a los paganos, que son juzgados según el testimonio de su conciencia (Rom 2, 14-16). D. von Hildebrand ha analizado pertinentemente el fundamento de esta relación (véase *La esencia del amor*, p. 121 y ss.).

vosotros y, mientras respire y pueda, no dejaré de buscar sabiduría y de exhortaros».[92]

La naturaleza esencial de este motivo para la realización del valor moral de una acción se hace especialmente evidente siempre que se rechaza explícitamente,[93] por ejemplo, en una actitud de resentimiento.[94] Como ha demostrado M. Scheler, una acción moral pierde por completo su valor moral si se cierra a este fundamento y objeto motivador último y lo rechaza explícitamente lleno de resentimiento.[95] El rechazo expreso de Kant de esta base motivadora equivale a la destrucción filosófica de la sustancia del acto moral.[96] Esto resulta especialmente claro cuando pensamos también en el hecho de que la validez de la motivación de la acción moral por su propio valor moral se conserva solo mientras que se tienda a este valor, implícitamente al menos, en su apertura trascendente a Dios. Si el valor moral es —como se hace en el principio de autonomía de Kant— explícitamente absolutizado en el sentido de ser expresamente alienado de su vocación última como glorificación de Dios, encarnación viva de toda bondad moral y de todos los valores, entonces una aplicación de este principio a la vida moral conduciría a una destrucción del valor moral de una acción y a la perversión del acto moral. Más aún, una acción que se desvincula de este modo, explícitamente, del motivo de una respuesta a Dios es portadora de un disvalor moral y, en último término, incluso de un disvalor moral diabólico de rebelión contra Dios, de un intento de convertirse en Dios.[97]

Este quinto motivo de la acción moral es en sí mismo especialmente compatible con ser meramente implícito, con no ser consciente en una acción moral individual. Incluso un acto moral en el que este

---

[92]   Platón, *Apología*, 29 D.

[93]   D. von Hildebrand lo ha mostrado claramente en *Die Menschheit am Scheideweg*, p. 56 y ss.

[94]   M. Scheler ha analizado detalladamente esta actitud de resentimiento en su monografía *Das Ressentiment im Aufbau der Moralen* (*El resentimiento en la moral*).

[95]   Véase M. Scheler, *Das Ressentiment im Aufbau der Moralen*, pp. 91-105.

[96]   Véase I. Kant, *Fundamentación*, BA 93-95 (pp. 111-112), *Crítica de la razón práctica*, A 139 (p. 241 y ss.), *Metafísica de las costumbres*, A 109.

[97]   Véanse las notas 95 y 96.

motivo no esté presente en absoluto, pero esté «abierto» a él, es portador de un auténtico valor moral.[98]

En algunos aspectos, este motivo (o más bien la apertura a él) está tan profunda y esencialmente conectado con todos los demás motivos de la acción moral que constituye en sí mismo la relación con el valor más elevado de la creación, la glorificación de Dios, que debe ser designado como el motivo más importante y profundo de todo actuar moral. Esto se expresa también en el plano religioso cuando, dentro de la moral sobrenatural, el amor de Dios constituye el fundamento último y el motivo final de todo actuar moral.[99] Al mismo tiempo, sin embargo, este motivo de la acción moral se construye orgánicamente sobre los demás. Con frecuencia, motiva la acción moral «a través» de los demás elementos y solo puede entenderse correctamente como motivo de la acción moralmente obligatoria del ateo cuando se comprenden claramente todos los demás factores motivadores de la acción moral[100]. En efecto, en tal caso constituye, por estar fundamentado y ser «dependiente» de los demás motivos de la acción moral, su motivo «último», pues la especial aceptación o rechazo de Dios en la acción moral o inmoral por su propia naturaleza, incluso cuando la realiza un ateo, solo puede comprenderse y existir después de que se hayan reconocido los demás factores motivadores de la acción moral.

Aquí no puede ofrecerse un examen más profundo de la relación entre la acción moralmente buena y la afirmación de Dios.[101]

---

[98] Mientras se entienda el concepto de «cristiano anónimo» tal como lo ha introducido K. Rahner exclusivamente en este sentido, este concepto puede encontrar su interpretación legítima. Sin embargo, en cuanto se pasa por alto el valor completamente nuevo de las acciones motivadas explícita y conscientemente por Dios (la glorificación de Dios), o en cuanto se entiende este nuevo valor (y especialmente el paso a la fe cristiana) solo como un paso de lo «implícito» a lo «explícito», nos encontramos ante un grave error filosófico y teológico que pasa por alto qué influencia radical tiene el conocimiento explícito de la verdad y el estar motivado conscientemente por ella en el valor moral de un acto.

[99] Véase la nota 22.

[100] Sin esto, el momento de la obligación moral en general sería ininteligible y, con él, la acción moralmente obligatoria.

[101] Véase J. Seifert, *Erkenntnis des Vollkommenen*, cap. 5, y *Conocimiento de Dios por las vías de la razón y del amor*, cap. 5.

Sexta respuesta:
El papel motivador de la propia felicidad para la acción moral

Si consideramos únicamente los motivos de la acción moral trata-dos hasta ahora, el acto moral parece ser exclusiva y puramente una entrega, un acto caracterizado por una trascendencia única. Así, se muestra motivado por la importancia del objeto moralmente rele-vante, por la obediencia al deber moral, por el interés de responder al valor moral de la acción y, finalmente, por una aceptación o rechazo del bien absoluto.

Y, en efecto, encontramos todas estas dimensiones de entrega y trascendencia como fuentes del valor único de la acción moral. Cualquier eudemonismo o, más aún, cualquier hedonismo que encie-rra a los seres humanos en el acto moral en una lucha inmanente por la felicidad, donde la propia felicidad es el motivo último y único de los actos morales, constituye un error fundamental y una falsificación de la moral. Y, aunque este error se encuentra, como ya se ha dicho, en flagrante contradicción con el punto de vista teológico de los filó-sofos/teólogos medievales, estos lo han mantenido una y otra vez en diferentes formas. Fénelon protesta con razón contra este error del inmanentismo en ética, que mantiene, por ejemplo, Bossuet.[102] Pero su reacción constituye una reacción típicamente falsa.[103] También

---

[102] Véase el análisis de estas posturas en R. Spaemann, *Spontaneität und Reflexion*, p. 26 y ss., p. 81 y ss.

[103] No puedo seguir los intentos que pretenden disolver, hasta cierto punto, los con-trastes de opinión entre Fénelon y Bossuet. Para una crítica de esta visión de Fénelon, véase D. von Hildebrand, *La esencia del amor*, p. 139 y ss., p. 205 y ss.; simultáneamente, el mismo libro supera radicalmente el eudemonismo moral. Véase también mi libro *True Love*,

es un grave error ético sostener que debe pertenecer a la esencia del acto moral el desinterés por la propia felicidad, considerar este acto como un *amour pur* que debería ser incompatible con cualquier interés motivado por la propia felicidad, es más, con el interés por la propia felicidad que está esencialmente ligado al acto moral. Hay que evitar este error que se encuentra a ambos lados del famoso debate ético histórico (entre Fénelon y sus adversarios) y superarlo verdaderamente, como se ha hecho en nuestro siglo, sin haber encontrado todavía el merecido reconocimiento por parte de los filósofos de la ética.[104]

El *amour désintéressé* no solo es «impracticable de facto, como si tuviera que haber en los humanos algún tipo de coexistencia entre moralidad y egoísmo», como se ha sugerido una y otra vez desde el *Filebo* de Platón.[105]

Más bien, la idea de un *amour désintéressé*, que conduce a un nihilismo existencial, falsifica la conexión necesaria entre la entrega moral y el propio bien último. Por tanto, falsifica la esencia de la propia entrega moral.

El agente moral aspira y debe aspirar esencialmente a la paz, a la felicidad y a la participación en el bien que le proporciona el acto moral. Constituye un grave error por parte de Fénelon y, en nuestro tiempo por parte de Hartshorne, por ejemplo,[106] ver en esta tendencia

---

especialmente pp. 43-51 (*Amor verdadero*, p. 72 y ss.); R. Spaemann, *op. cit.*, p. 81 y ss., p. 108 y ss., así como J. Seifert, «Karol Cardinal Wojtyla (Pope John Paul II) as Philosopher and the Cracow/Lublin School of Philosophy», en *Aletheia II* (1981), pp. 130-199; del mismo autor, «Verdad, libertad y amor en el pensamiento antropológico y ético de Karol Wojtyla»; del mismo autor, «A volontade como perfeição pura e a nova concepção não-eudemonística do amor segundo Duns Scotus».

Parece claro que, cuando Fénelon habla de *amour désintéressé*, tiene en mente un amor que es totalmente independiente, al menos, de toda motivación por la propia felicidad, pero que permanece también en una cierta indiferencia hacia la propia felicidad. Véanse los pasajes de Fénelon que Spaemann cita en *op. cit.*, p. 77 (nota 42), p. 76 (nota 39), p. 73 (notas 29 y 30); véase sobre todo p. 49 y los pasajes allí citados.

[104]   Los comienzos de esto pueden encontrarse en M. Scheler; una refutación sistemática final del eudemonismo y, simultáneamente, de la posición de un indiferentismo estoico a la propia felicidad al modo de Fénelon puede encontrarse en D. von Hildebrand. Véase la nota 103.

[105]   Véase Platón, *Filebo*, 13 c ss., 20 b ss.

[106]   En sus escritos sobre la teología del proceso, Hartshorne representa más radicalmente el punto de vista de una moral que no se interesa por la felicidad. Todo pensamiento sobre

un elemento egoísta que falsea la moralidad. Esta tendencia a la participación en el bien y a la felicidad de estar unido a él puede encontrarse también, aunque de forma diferente, en la *intentio unionis* que caracteriza todo amor, una *intentio* que D. von Hildebrand ha investigado a fondo en su obra *La esencia del amor*.[107]

Sin embargo, se plantea la cuestión de si esta tendencia a la felicidad puede darse, y en qué medida, como *motivo* del amor o de una acción moral o si solo está vinculado de otro modo, aunque necesariamente, con la acción moral, a saber, como consecuencia «sobreabundante» no intencionada de la acción moralmente buena.

Una primera respuesta a esta pregunta podría ser que la búsqueda de la felicidad no puede constituir un motivo de la acción moral. Se podría reconocer, por supuesto, con Max Scheler, por ejemplo, una conexión necesaria entre actuar moralmente y la felicidad, pero solo tal que la felicidad sea o bien un presupuesto necesario de la bondad moral o bien una consecuencia necesaria de la acción moral.[108] Se podría señalar con razón y profundidad que la felicidad no tiene por qué aparecer en modo alguno como motivo consciente de la acción moral o que tal vez no aparezca en absoluto como tal. Sobre todo, se podría afirmar con toda razón que, por las razones antes expuestas, la felicidad no puede ser, evidentemente, el motivo principal de las acciones morales. Y, sobre esta base, se podría señalar una triple conexión necesaria de la felicidad y la acción moral y de la felicidad como consecuencia de esta última. En primer lugar, se podría señalar

---

la inmortalidad personal, la recompensa o la tendencia a la felicidad parece ser para él una profanación de la moral. Esta es una de las razones de la fuerte oposición de Hartshorne a todo cristianismo tradicional con su promesa de beatitud eterna.

[107] *La esencia del amor*, p. 163 y ss.; véase también p. 147 y ss.

[108] Véase M. Scheler, *Formalismo*, p. 431 y ss. M. Scheler reconoce estas dos clases de conexiones necesarias entre felicidad y moralidad y ve una falsa alternativa en oponerlas. Véase ibíd., p. 482: «Todos los *sentimientos* de felicidad e infelicidad están fundados en la percepción sentimental de los valores, y la felicidad más honda, la beatitud más acabada, es absolutamente dependiente en su ser de la conciencia de la propia bondad moral. *Solo el bueno es dichoso*. Esto no excluye, sin embargo, que la felicidad sea precisamente la *fuente* y *raíz* de todo buen querer y obrar, y que nunca, empero, pueda ser su objetivo o su «fin». *Solo el dichoso obra bien*. La felicidad no es, por consiguiente, el «premio de la virtud», como tampoco la virtud es *medio* para la felicidad. Pero sí es la *raíz* y la *fuente* de la virtud, una fuente que en sí misma no es más que una *consecuencia* de la íntima *bondad* esencial de la persona».

que una especie de felicidad y paz interior es un estado inseparablemente conectado con la acción moralmente buena. Con toda razón, se podría llamar la atención, en este contexto, sobre el hecho de que esta felicidad aparece sobreabundantemente[109] precisamente porque el agente moral «se olvida de sí mismo» en cierto modo y se trasciende a sí mismo al dirigirse por entero al estado de cosas que realizar, al cumplimiento de la obligación, etcétera. Su felicidad emana del hecho de que no es el motivo principal de su dirección hacia el objeto. La felicidad está inseparablemente ligada al requisito previo de la trascendencia de la respuesta moral.[110] Además, se podría señalar que la persona que actúa de un modo moralmente bueno es objetivamente digna de felicidad o merece la felicidad en forma de recompensa.[111] Aquí se habla de otra felicidad, otorgada desde fuera y por una autoridad moral, una felicidad distinta de la felicidad interior relacionada con la acción moral.[112] Y se puede subrayar con razón que esta felicidad también debe darse al agente moral precisamente porque no constituyó el motivo de su acción. Por último, se podría señalar que incluso si se prescinde de la recompensa y al mismo tiempo no se tiene *in mente* el caso extremo de un agente moral atormentado externamente (un mártir, por ejemplo, o el encarcelado Florestán en la ópera *Fidelio*, de Beethoven), se puede establecer que en condiciones de vida normales, preservado de sufrimientos extremos, surge para el agente moral una profunda felicidad sobreabundante , que irradia de la armonía interior de su conciencia a toda su vida y a través de

---

[109] Por *superabundancia* o *relación superabundante*, entendemos una relación en la que una realidad tiene a otra significativamente como consecuencia e incluso sirve a esta otra realidad sin por ello ser un mero medio. En muchos casos, la «primera» realidad dentro de una relación superabundante debe tomarse en serio no solo en sí misma (es decir, no como un mero medio), sino que es incluso más importante que la segunda realidad, que es su consecuencia. En el caso de la moral, por ejemplo, el valor propio de la moral es, claramente, superior al de la felicidad, consecuencia superabundante de la primera.

[110] Véase D. von Hildebrand, Ética, p. 56 y ss., y *La esencia del amor*, p. 139 y ss.

[111] Kant ha subrayado esta relación. Scheler la rechaza. Esta relación, que no puede ser investigada más detenidamente aquí, se da sin duda alguna, aunque en su concepción kantiana sea falseada y a menudo malinterpretada en su totalidad. En *Die Menschheit am Scheideweg*, p. 517 y ss., D. von Hildebrand elabora, como parte de un ensayo teológico-religioso, la esencia de la relación de recompensa.

[112] Ibíd., p. 518 y ss.

muchas consecuencias de su bondad moral, en sus amistades, en el amor a su esposa o a sus hijos, etc.

Se dirá que todas estas dimensiones de la felicidad relacionadas con la acción moral están no solo en una relación accidental, sino en una relación más o menos necesaria con la acción moral. En todas ellas, sin embargo, la felicidad es siempre solo una consecuencia, nunca un motivo de la acción moral.

Sin pretender negar la veracidad de esta respuesta, que, de hecho, hace justicia a muchos aspectos de la relación entre felicidad y moralidad, todavía hay que dar una segunda respuesta a nuestra pregunta. Supongamos que alguien nos preguntara: «¿quieres llegar a ser feliz?, ¿tiendes a ser feliz?». Supongamos además que respondiéramos: «No, solo tendemos a metas objetivas, solo estas nos motivan, pero no nuestra felicidad». Rápidamente se hace evidente que esta respuesta es artificial. Y si además añadiéramos: «solo nos motiva la bondad moral, no hay en nosotros ninguna tendencia explícita a nuestra propia felicidad», tal respuesta se mostraría no solo como antinatural, sino también como inmoral, pues en ella descuidamos la relevancia moral de la felicidad y persistimos en una autosuficiencia orgullosa. Estamos estrictamente obligados moralmente a tender a nuestra propia felicidad, y esta obligación no significa que debamos tender a cualquier forma de placer o felicidad sobre la base de un instinto natural en nosotros, como hacemos de todos modos. Más bien, este deber moral significa que debemos tender a nuestra *verdadera* y más profunda felicidad, a aquello que nos hace permanente y profundamente felices. Y esta tendencia no está necesariamente presente en nosotros, como demuestra el caso de la persona que arriesga descuidadamente su vida, la persona superficial, la persona inmoral, la persona que se suicida o la persona que incluso es completamente ajena a su bienaventuranza eterna o a la amenaza de su condenación eterna. Estamos moralmente obligados al verdadero amor propio, a interesarnos por nuestra verdadera felicidad, a hacer todo lo que conduzca a ella, a evitar todo lo que nos aleje de ella. Esta lucha por nuestra verdadera felicidad no es un rasgo inevitable de la naturaleza humana, sino una virtud moral importante y rara.[113] La felicidad

---

[113] Tomás de Aquino subraya que no todos los seres humanos tienden a esta verdadera felicidad. Véase *Suma de teología*, I-II, q. 51.-8.

desempeña ahora, sin duda, un papel motivador para esta tendencia moralmente obligatoria.

Se podría objetar, sin embargo, que esta felicidad motiva, efectivamente, como sus objetos inmediatos, una tendencia y una esperanza, pero no la acción moral.

Una respuesta compleja a este dificilísimo problema ético nos parece la correcta, a saber, nuestra felicidad no es ciertamente el motivo primario de la acción moral. En la medida en que la felicidad sigue necesariamente a la acción moral, es su consecuencia sobreabundante, ya sea como paz interior o como recompensa. Ya se han mostrado los factores motivadores primarios de la acción moral.

Por otra parte, el deseo de participar en la armonía interior y en la felicidad que brota de lo que es moralmente bueno nace necesariamente de la voluntad del agente dirigida a lo que es moralmente bueno. El agente moral está lleno del deseo de unión con el bien, con los bienes que constituyen el origen del deber moral y, sobre todo, con el bien absoluto, al que se dirige en última instancia toda acción moral, como hemos visto. Este anhelo de participación en el bien es semejante al anhelo de unión con el amado característico de cada amor. Así como este anhelo de unión está necesariamente unido al amor, así también el anhelo de participación en el bien está necesariamente unido a la acción moral. Y, así como el anhelo de unión con el amado no tiene un carácter egoísta, sino que se da principalmente «por amor» y por amor al amado, para que se le pueda amar más a partir de un conocimiento siempre creciente de su persona y a través de la unidad con él, así también el anhelo de participación en el bien, sobre todo en el bien absoluto, tiene como objetivo principal y más profundo alcanzar a través de él, en plena pureza y paz contemplativa, la autoentrega moral, amenazada por muchos obstáculos y sujeta a muchas perturbaciones. Pero, así como en el amor el anhelo de unión con el amado está también lleno del tema de la felicidad que surge de esta unión, así también en el anhelo que acompaña a la acción moral (y a toda moral) de participación y unión con el «bien», el «bien absoluto», un anhelo que va de la mano de la acción moral (y de toda moral), está plenamente presente el tema de nuestra propia felicidad. Y esto no solo no se opone a la entrega a la obligación moral y a los bienes en los que se fundamenta esta obligación, sino que es moralmente obligatorio luchar también por esta felicidad última, no ser indiferente a ella, anhelarla. En esta tendencia a la felicidad no hay en modo alguno un alejamiento de la dirección interior de la entrega al bien y una vuelta sobre sí mismo. Más bien, debido a su carácter sobreabundante, esta felicidad tiene la peculiaridad de que la pura tendencia a ella surge precisamente de la profundidad de esta entrega, que representa un aumento de la misma, de modo que podemos decir, comparando el amor y la moral: porque alguien ama profundamente al amado por su propio bien anhela también tan profundamente la felicidad que surge de esta entrega del amor y de la presencia del amado. Puesto que la persona moralmente activa persigue el bien moral por sí mismo y en modo alguno como un mero medio para su felicidad, también se esfuerza en última instancia por alcanzar la felicidad que surge de la participación en el bien intrínseco y de la entrega al mismo.[114]

A diferencia del amor, la tendencia a la felicidad relacionada con la acción moral también está vinculada a la conciencia de que la felicidad es y debe ser una recompensa por la bondad.[115]

La felicidad del amor es, en cambio, un tema en un sentido totalmente distinto, en la medida en que, ante todo, el ser del amado y la unión con él son experimentados y deseados conscientemente como fuente de felicidad. Sin embargo, incluso si prescindimos aquí del caso de la *caritas* (ágape), en el que la moral y el amor «coinciden» más plenamente, la felicidad sigue siendo en un triple sentido más profundamente temática en la acción moral que en cualquier tipo de amor humano. En primer lugar, nuestra felicidad *última* y nuestra paz interior más profunda están indudablemente relacionadas con

---

[114] En *La esencia del amor*, p. 155 y ss., D. von Hildebrand muestra de modo impresionante cómo el anhelo de la felicidad de la unión con el amado no desvirtúa en lo más mínimo la entrega a él por sí mismo ni opone a la dirección trascendente una dirección egoísta. Muestra que, por el contrario, esta tendencia a la felicidad y a la unidad aumenta la entrega y que el amor, por tanto, puede considerarse una respuesta sobreabundante al valor. N. del T.: Los traductores al castellano de esta obra de Hildebrand traducen *Überwertantwort* como *respuesta al sobrevalor*. Creo que es un error, ya que el prefijo *Über* califica a *Antwort*, y no a *Wert*. En la primera edición de este libro, traduje este término como *sobrerespuesta al valor*. Ahora, pienso que *respuesta sobreabundante al valor* es más correcto.

[115] No se discutirá en detalle que la felicidad no es solo la recompensa de la bondad, sino que, como tal, puede también co-motivar acciones morales. Véanse las obras citadas en las notas 108 y 110-112.

la acción moral, pero no con el amor humano como tal. En segundo lugar, la felicidad tiene una relación más necesaria y metafísica con la acción moral que con el amor humano. Mientras que este último puede ser «no correspondido» y, por tanto,«infeliz», la felicidad, concretamente en la forma de «felicidad última», está mucho más esencialmente conectada con la acción moralmente buena, incluso en el caso de las circunstancias externas más trágicas. En tercer lugar, en la acción moral, la felicidad no solo se experimenta y se persigue, sino que, a través de esta acción, también se «merece» como recompensa. Por ello, la felicidad se encuentra en una relación metafísica mucho más profunda con la acción moral que con el amor humano, si este no se transforma por la caridad, en cuyo caso coincide con la dimensión más profunda de la bondad moral.[116]

Sin embargo, queda la cuestión de si esta tendencia a la felicidad relacionada con la acción moral significa también que la felicidad motiva al agente moral y, concretamente, a la propia acción moral. En efecto, se plantea la cuestión de si una consecuencia sobreabundante de un acto puede ser simultáneamente el motivo de este acto.

Esto parece muy posible, siempre que se distinga entre los motivos primarios de un acto, que lo provocan principalmente, y los motivos subordinados (secundarios). Estos últimos son motivos que motivan tanto un aspirar necesariamente vinculado a un acto (en nuestro caso, a la felicidad) como el acto (la propia acción moral) en una posición subordinada. Esto no constituye una oposición a la entrega que caracteriza la acción moral, sino que surge de esta entrega cuando el agente sostiene, por así decir, lo siguiente: «Cumplo esta obligación moral simplemente porque el bien que realizar exige este esfuerzo, porque debo subordinación absoluta a la obligación moral, porque quiero ser moralmente bueno y, finalmente, porque deseo con mi acción responder a la llamada que Dios me hace, glorificarlo. Estos son los motivos primeros y primarios de mi actuar, ya suficientes por sí mismos. Pero, al actuar por estos motivos, aspiro también a participar en el bien, en su armonía interior, en la felicidad que de él se deriva, sobre todo, para completar la entrega al bien, pero también en aras del don último e insustituible de mi paz interior y de la felicidad

---

[116]   Véase al respecto D. von Hildebrand, *La esencia del amor*, cap. 11.

que crecerá del bien y a la que incluso estoy obligado a tender. Actúo bien también porque soy consciente de que hacerlo es una condición para mi felicidad última e irrenunciable y de que mi destino a esta felicidad exige que actúe así. Esta felicidad me motiva en mi actuar de un modo subordinado pero irrenunciable,[117] como algo que surge precisamente del olvido de uno mismo al hacer lo que es bueno».

Este motivo final de la acción moral está, según su esencia, enteramente subordinado a los demás. Hacer de la felicidad el fin de la acción moral y de esta un medio para alcanzarla constituye el error básico del eudemonismo.

El error básico de Fénelon y otros es, sin embargo, pasar por alto el hecho de que la felicidad es y debe ser buscada en el lugar que le corresponde, que en última instancia debe interesarnos y que debe motivar nuestras acciones morales de manera subordinada, sin empañar la pureza de la entrega moral.

---

[117] La disposición a renunciar a la propia felicidad por un punto de vista superior es, por supuesto, en muchos casos noble e incluso moralmente obligatoria. Ni siquiera deberíamos aferrarnos a nuestra «felicidad última» de tal manera que no estuviéramos dispuestos a renunciar a ella si esto fuera obligatorio por razones de lo que es bueno en sí mismo. La irrenunciabilidad de la propia felicidad solo debe significar lo siguiente: primero, estamos obligados también a procurar nuestra propia felicidad. Por tanto, no podemos renunciar a ella sin motivo. En segundo lugar, disminuiría nuestra entrega a lo que es bueno en sí mismo si renunciáramos a nuestra propia felicidad, porque el anhelo bien ordenado de felicidad, en el sentido de respuesta sobreabundante al valor, profundiza la propia entrega y es, por esta razón, «irrenunciable». En tercer lugar, hay, como consecuencia de lo que se acaba de afirmar, un «punto último» del anhelo de la propia felicidad que es inseparable de la entrega relacionada con el bien, de tal manera que renunciar a ella «absolutamente» sería «nihilista» e incompatible con la esencia necesaria de la relación entre moral y felicidad.

Conclusión

Va de la mano con los elementos mencionados como motivadores de la acción moral que el actuar sea, por un lado, *eo ipso* activo, pero que, por otro lado, apunte simultáneamente a una unión con el bien absoluto y eterno en los actos contemplativos. Como destaca Aristóteles, la vida contemplativa es superior a la vida activa, y esta conduce esencialmente a aquella. O, más bien, al actuar, los seres humanos aspiran esencialmente a una vida contemplativa.[118] Esto también puede constatarse en la acción moral. El agente moral aspira, en última instancia, a la entrega y a la unión con algo eterno que irrumpe en su vida en la obligación moral y en la tendencia moral y a la unión con esto eterno. Así, todo actuar moral está inseparablemente conectado con un estar dirigido a la inmortalidad. Esta relación entre moralidad e inmortalidad no puede ser considerada aquí con más detalle.[119]

---

[118] Aristóteles, *Ética a Nicómaco*, X, VII, 5 ss. La superioridad de la vida contemplativa sobre la práctica que Aristóteles demuestra magistralmente en esta obra debe distinguirse nítidamente de su tesis falsa de que las virtudes dianoéticas, o el intelecto y su realización, son superiores a las virtudes morales. Este error proviene de una limitación de la vida contemplativa a la esfera del intelecto, en lugar de ver el carácter eminentemente contemplativo de los actos morales, como del amor especialmente, y, simultáneamente, de pasar por alto el hecho de que el grado de «contemplatividad» de un acto es solo un criterio de valor entre otros y que los valores morales poseen, por su fundamentación en la libertad y porque solo ellos, no el conocimiento *per se*, hacen buena a la persona *qua* persona,.una primacía única sobre todos los demás valores.

[119] Sobre esta relación, cf. J. Seifert, «¿Tenemos y somos un alma espiritual e inmortal?», «Das Unsterblichkeitsproblem aus der Sicht der philosophischen Ethik und Anthropologie», *Filosofie, Pravda, Nesmrtlenost. Tòi praúskǎ pòednáóky/Philosophie, Wahrheit, Unsterblichkeit. Drei Prager Vorlesungen (Filosofía, verdad, inmortalidad. Tres lecciones en Praga)*: «Philosophizing with Plato about the Immortality ft he Soul, «¿Poseemos y somos un alma inmortal?».

No podemos discutir aquí otros motivos que en un principio fueron designados como «subjetivos» y que dependen del ser ético particular del agente moral individual. Un tema central de la ética es cómo las disposiciones de fondo y las virtudes de una persona, como el amor y lo que los grandes pensadores medievales llamaban «bonum diffusivum sui»[120], pueden motivar un comportamiento moral, y cómo estos motivos son sobre todo los motivos más profundos de un comportamiento moralmente bueno, pero no moralmente obligatorio. Aunque este ensayo se limita al estudio de las acciones moralmente obligatorias, no pretendemos en absoluto cuestionar la profundidad de estos temas y su cualidad de alcanzar los fundamentos más profundos de la moralidad.

Si alguien piensa que la comprensión de la motivación de la acción moral aquí presentada es demasiado compleja y que habría que aplicar el principio de Ockham, el cual prohíbe la multiplicación sin necesidad de principios, si alguien piensa que es contrario a la esencia de la filosofía orientada a la unidad reconocer tantos factores motivadores de la acción moral, solo podemos responder, con Ross, que la cuestión de si hay que utilizar un principio o muchos para explicar un ser solo debe decidirse a partir de la realidad.[121] En todos los casos en que existe una esencia general o una unidad, es ciertamente tarea de la filosofía descubrirla en lugar de multiplicar incorrecta e innecesariamente los principios o quedarse en una multiplicidad que podría reducirse a una unidad. Pero, cuando no existe una unidad en forma de identidad, la reducción a la unidad es un monismo o un reduccionismo contrario a la verdadera filosofía. No hay nada que hable *a priori a* favor de una reducción a la unidad, y mucho menos a la identidad, en todas las partes y todos los aspectos de la realidad como más apropiado que un reconocimiento de varios elementos y realidades. El reconocimiento de la diferencia entre mente y materia o entre Dios y el mundo no es en modo alguno filosóficamente inferior *a priori* al monismo o al panteísmo. Al contrario, una investigación atenida a la realidad muestra estas reducciones de la realidad a «un principio» como erróneas y, al mismo tiempo, como un

---

[120]   Los grandes filósofos medievales, y con ellos la Iglesia Católica, reconocen esta difusividad interior, este «fluir hacia fuera», esta autocomunicación del bien como (un) motivo principal de la creación del mundo por Dios.

[121]   Véase la nota 60.

bloqueo del camino que conduce al reconocimiento de la verdadera unidad interna de la realidad, una unidad que no es en absoluto contraria a la diversidad, a la diferenciación del ser, sino que incluso la requiere.[122]

Además, si la visión de la motivación de la acción moral presentada aquí se considera demasiado «idealista» porque presupone una motivación «pura» de la acción moral que no tiene en cuenta las motivaciones de los seres humanos, que son de hecho una mezcla de egoísmo y entrega, respondemos que nuestro análisis es plenamente compatible con el realismo contenido en las palabras de Solzhenitsyn:

> La línea que separa el bien y el mal no discurre entre clases y partidos, sino directamente a través del corazón de cada ser humano. Esta línea es móvil; vacila a lo largo de los años. Incluso en un corazón ocupado por el mal, se mantiene una cabeza de puente de bondad. Incluso en el mejor corazón, queda un escondite inconquistable del mal[123].

Esta afirmación es ciertamente válida para todos nosotros. Un análisis ético de la acción moral y de su motivación no tiene, sin embargo, la tarea de ajustarse a los hechos empírico-sociológicos o de reproducirlos. Más bien, el análisis ético tiene una eminente función autocrítica y crítica de la sociedad, en el mejor sentido, a saber, partiendo de una experiencia de la esencia[124] de lo que hace que una acción sea moralmente buena «en sí»y su motivación, que, en la medida en que su realización hace que una acción sea moralmente buena, y dejándonos mirar en el espejo intemporal en el que somos capaces de reconocer si la motivación de *nuestras acciones* las hace morales y en qué medida.[125]

---

[122] Véase J. Seifert, *Leib und Seele*, especialmente p. 170 y ss., p. 83 y ss.

[123] Lema de *Archipiélago Gulag* I

[124] Véase al respecto J. Seifert, *Erkenntnis objektiver Wahrheit*, p. 151 y ss., p. 266 y ss. Véase especialmente B. Schwarz, «D. von Hildebrand's Lehre von der «Soseinserfahrung» in ihren philosophiegeschichtlichen Zusammenhängen».

[125] El célebre comediógrafo austriaco Johann Nestroy lo ha expresado en una comparación extremadamente ingeniosa (basada en el doble sentido de la palabra alemana *Handlung*, que puede significar tanto *acción* como *tienda* y que no puede traducirse al español) entre las espléndidas tiendas de lujo (*Handlungen*) de Viena y las acciones humanas (*Handlungen*), que muy raramente son bellas, nobles y caballerescas, de tal modo que muy pocas de ellas podrían soportar la radiante luz que ilumina esas espléndidas tiendas humanas (véase «Einen Jux will er sich machen», I, 10, iii). Véase también J. Seifert, *Heitere Philosophie: Philosophieren mit Johann Nestroy, dem witzigsten österreichischen Philosophen*.

Bibliografía

ANSELMO DE CANTERBURY: *Opera Omnia*. F. S. Schmitt (ed.). Stuttgart-Bad Cannstatt, 1968.

— *De Veritate,* en *Opera Omnia*, vol. 1, p. 169 y ss. (*Tratado sobre la verdad.* Edición bilingüe. F. Castañeda, A. Lozano-Vázquez y N. Vaughan (edición académica y compilación). Universidad de Los Andes, Bogotá, 2018).

— *Werke (Leben, Lehre, Werke des hl. Anselm von Canterbury)*. R. Allers (ed.). Viena, 1963.

ARISTÓTELES: *Ética a Nicómaco*. Julián Marías y María Araujo (eds.). Centro de Estudios Constitucionales. Madrid, 1994.

AGUSTÍN, san: *Confesiones*. Libro XIII.

BONAVENTURA: *Opera Omnia*. Quaracchi, 1882-1902.

BRENTANO, Franz: *Vom Ursprung sittlicher Erkenntnis*. 5.ª ed. Hamburgo, 1965. (*El origen del conocimiento moral*. M. García Morente (trad.). Tecnos, Madrid, 2002).

COPLESTON, Frederick: *Historia de la Filosofía*, vol. 8 (parte II). Ariel. Barcelona, 1993.

FLETCHER, Joseph: *Situation Ethics*. Philadelphia, 1966.

FROMM, Matthias: *Katholische Glaubenskunde. Ein Lehrbuch der Dogmatik*. 4 volúmenes, vol. 1. 3.ª ed. Viena, 1961.

HENGSTENBERG, Hans-Eduard: *Grundlegung der Ethik*. Stuttgart, 1969.

HILDEBRAND, Alice von: «Near-sightedness of Keen Thinkers: A Critical Study of G. E. Moore». En *Rehabilitierung der Philosophie*. Dietrich von Hildebrand (ed.). Regensburg, 1974, pp. 157-173.

HILDEBRAND, Alice von: «On the Pseudo-obvious», en *Wahrheit, Wert und Sein. Festgabe für Dietrich von Hildebrand zum 80. Geburtstag*. Balduin Schwarz (ed.). Stuttgart, 1970, pp 25-32.

HILDEBRAND, Dietrich von: *Die Idee der sittlichen Handlung y Sittlichkeit und ethische Werterkenntnis*. 2.ª ed., Darmstadt, 1969 (*La idea de la acción moral*. Trad. de S. Sánchez-Migallón. Encuentro, Madrid, 2014).

— *Die Menschheit am Scheideweg*. Regensburg, 1955.

— (Ed.). *Rehabilitierung der Philosophie. Festgabe für Balduin Schwarz zum 70. Geburtstag*. Stuttgart, 1974.

— *Ética*. 2.ª ed. J. J. García Norro (trad.). Encuentro, Madrid, 2020 [1972].

— *Moralia*. Vol. 9 de *Gesammelte Werke*. Stuttgart, 1980. (*Moralia*. Trad. de S. Sánchez-Migallón. Palabra, Madrid, 2020).

— *Das Wesen der Liebe*. Dietrich von Hildebrand Gesammelte Werke. Vol. III. Verlag Josef Habbel, Regensburg, 1971 (*La esencia del amor*. Trad. de J. Cruz y J. L. del Barco. Eunsa, Pamplona, 1998).

— *What is Philosophy?* 4.ª ed. Introducción por Robert Sokolowski. Hildebrand Press. Steubenville, 2021 (*¿Qué es filosofía?* Trad. de A. Herrera. Encuentro, Madrid, 2000).

— y VON HILDEBRAND, Alice: *Morality and Situation Ethics*. 2.ª ed. Chicago, 1966.

INGARDEN, Roman: Über die Verantwortung. Ihre ontologischen Fundamente. Stuttgart, 1970. (*Sobre la responsabilidad. Sus fundamentos ónticos*. Trad. de J. M. Palacios. Caparrós, Madrid, 2001).

KANT, Immanuel: *Grundlegung zur Metaphysik der Sitten,* en *Werke,* Bd. VII (*Fundamentación de la metafísica de las costumbres. 5.ª edición. Trad.* de M. García Morente. Espasa-Calpe, Madrid, 1977).

— *Kritik der praktischen Vernunft,* in *Werke,* Bd. VIII (*Crítica de la razón práctica*. Trad. de E. Miñana y M. García Morente. Espasa-Calpe, Madrid, 1975).

— *Metaphysik der Sitten*, en *Werke,* Bd. VIII (*Metafísica de las costumbres*. Trad. de A. Cortina y J. Conill. Tecnos, Madrid ,1989).

KIERKEGAARD, Soren: *Postscriptum no científico y definitivo a Migajas filosóficas*. N. Bravo Jordán (trad.). Universidad Iberoamericana, México D. F., 2009.

LAUN, Andreas: *Die Naturrechtliche Begründung der Ethik in der Neueren Katholischen Moraltheologie*. Viena, 1973.

MILL, John Stuart: *Utilitarism: The Science of Logic*, libro VI, cap. XII. 2.ª edición. 1884. (*Utilitarismo*. Trad. de E. Guisán. Alianza, Madrid, 1984).

MOORE, Georg Eduard: *Principia Ethica*. 14.ª ed. Londres, 1971.

NESTROY, Johann: «Einen Jux will er sich machen». En *Gesammelge Werke*, vol. 3. Viena, 1962.

NEWMAN, John Henry: *An Essay in Aid of a Grammar of Assent*. 2.ª ed. Nueva York, 1958.

PFÄNDER, Alexander: *Phänomenologie des Wollens. Motive und Motivation*. Múnich, 1963. (*Fenomenología de la voluntad. Motivos y motivación*. Trad. de M. García Morente. Avarigani, Barcelona, 2011).

PLATÓN: *Gorgias*; *Apología*; *Filebo*. En *Sämtliche Werke*, vols. 1 y 5. Hamburgo, 1959-1964. (*Diálogos*. Gredos, Madrid, 1999).

REINACH, Adolf: «Die apriorischen Grundlagen des bürgerlichen Rechts», en Reinach, A., *Sämtliche Werke*. Textkritische Ausgabe in 2 Bänden. Band. I. K. Schuhmann y B. Smith (eds.). Philosophia Verlag, Múnich, 1989 (*Los fundamentos a priori del Derecho civil*. Trad. de M. Crespo. Comares, Granada, 2010).

REINER, Hans: *Die philosophische Ethik*. Quelle & Meyer. Heidelberg, 1964.

— *Pflicht und Neigung*. Meisenheim/Glan, 1951.

ROSS, Sir W. David: *Foundations of Ethics*. 4.ª ed. 1960. (*Fundamentos de ética*. Trad. de D. Riverto y A. Pirk. Editorial Universitaria de Buenos Aires, Buenos Aires 1972).

SCHELER, Max: *Der Formalismus in der Ethik und die materiale Wertethik*. 5.ª ed. *Gesammelte Werke*, vol. 2. Berna-Múnich, 1966. (*El formalismo en la ética y la ética material de los valores*. Trad. de H. Rodríguez Sanz y J. M. Palacios. Caparrós, Madrid, 2001).

— *Das Ressentiment im Aufbau der Moralen*. En: *Vom Umsturz der Werte. Gesammelte Werke*, vol. 3. Berna-Múnich, 1955. (*El resentimiento en la moral*. Trad. de J. Gaos y J. M. Vegas. Caparrós, Madrid, 1998).

SCHWARZ, Balduin (8 ed.): «D. v. Hildebrand's Lehre von der "Soseinserfahrung" in ihrenphilosophiegeschichtlichen Zusammenhängen», en *Wahrheit, Wert und Sein*, p. 33 y ss.

— (ed.). *Wahrheit, Wert und Sein. Festgabe für Dietrich von Hildebrand zum 80. Geburtstag. Geburtstag*. Stuttgart, 1970.

SEIFERT, Josef: «La volontade como perfeição pura e a nova concepção não-eudemonística do amor segundo Duns Scotus». Roberto Hofmeister Pich (trad.). *Veritas*. Philosophische Fakultät, PUCRS, Porto Alegre, Brasil, septiembre de 2005.

SEIFERT, Josef: «Absolute Moral Obligations towards Finite Goods as Foundation of Intrinsically Right and Wrong Actions. A Critique of Consequentialist Teleological Ethics: Destruction of Ethics through Moral Theology?». *Anthropos*, 1 (1985): 57-94.

— *Back to Things in Themselves. A phenomenological Foundation for Classical Realism.* 2.ª ed. Routledge. Londres, 2013.

— «Being and Value. Thoughts on the Reform of the Metaphysics of Good within Value Philosophy». *Aletheia* I, 2 (1977).

— «Bonaventuras Interpretation der augustinischen These vom notwendigen Sein der Wahrheit», *Franziskanische Studien*, 59 (1977): 38-52.

— «Can Neurological Evidence Refute Free Will? The Failure of a Phenomenological Analysis of Acts in Libet's Denial of 'Positive Free Will». *Pensamiento. Revista de investigación e información filosófica,* 67, 254, *Ciencia, filosofía y religión.* Serie especial, n.º 5 (2011): 1077-1098.

— «Das Unsterblichkeitsproblem aus der Sicht der philosophischen Ethik und Anthropologie». *Franziskanische Studien*, H 3, 1978.

— «Die verschiedenen Bedeutungen von «Sein»». En *Wahrheit, Wert und Sein.* Balduin Schwarz (ed.), pp. 301-332.

— «Dietrich von Hildebrand on Benevolence in Love and Friendship: A Masterful Contribution to Perennial Philosophy». *Journal of Philosophical Inquiry and Discussion: Selected Papers on the Philosophy of Dietrich von Hildebrand, Quaestiones Disputatae*, 3, 2 (2013): 85-106. Registro de audio/vídeo: http://www.hildebrandlegacy.org/main.cfm?r1=7.50&r2=1.00&r3=1.00&r4=0.00&id=109&level=3

— «Dietrich von Hildebrands philosophische Entdeckung der "Wertantwort" und die Grundlegung der Ethik», en *Aletheia. An International Yearbook of Philosophy*, Vol. V: *Truth and Value: La filosofía de Dietrich von Hildebrand*, Josef Seifert (ed.). Peter Lang. Berna, 1992, pp. 34-58.

— *Discours des Méthodes. The Methods of Philosophy and Realist Phenomenology.* Ontos-Verlag. Frankfurt, 2009. (*Discurso de los métodos de la filosofía y la fenomenología realista.* Trad. de R. Rovira. Encuentro, Madrid, 2018).

— «Duns Scotus' Philosophie des Individuums und Kritik am Abstraktionismus der aristotelischen Erkenntnistheorie als grandioses Beispiel einer mit dem christlichen Glauben vereinbaren Philosophie». *Intus legere. Filosofía*, 9, 2 (2015): 111-124.

— *Erkenntnis objektiver Wahrheit.* Salzburgo, 1972.

— *Erkenntnis des Vollkommenen. Wege der Vernunft zu Gott.* Lepanto Verlag. Bonn, 2010. (También disponible en español: *Conocimiento de Dios por las vías de la razón y del amor*. Trad. de P. J. Teruel. Revisado y aumentado por el autor. Encuentro, Madrid, 2013).

SEIFERT, Josef: *Essere e persona. Verso una fondazione fenomenologica di una metafisica classica e personalistica*. Milán, 1989.

— «Grundhaltung, Tugend und Handlung als ein Grundproblem der Ethik. Würdigung der Entdeckung der sittlichen Grundhaltung durch Dietrich von Hildebrand und kritische Untersuchung der Lehre von der "Fundamentaloption" innerhalb der 'rein teleologischen' Begründung der Ethik». En *Ethik der Tugenden. Menschliche Grundhaltungen als unverzichtbarer Bestandteil moralischen Handelns. Festschrift für Joachim Piegsa zum 70. Geburtstag*. Clemens Breuer (ed.). EOS Verlag. Ottilien, 2000, pp. 311-360.

— *Heitere Philosophie: Philosophieren mit Johann Nestroy, dem witzigsten österreichischen Philosophen*. Patrimonium-Verlag. Maguncia, 2016.

— «In Defense of Free Will: A Critique of Benjamin Libet». *Review of Metaphysics*, 65 (2011): 377-407.

— *Leib und Seele*. Salzburgo, 1974.

— «Karol Cardinal Wojtyla (Pope John Paul II) as Philosopher and the Cracow/Lublin School of Philosophy». *Aletheia*, II (1981): 130-199.

— «Moral Goodness Alone Is "Good Without Qualifications": A Phenomenological Interpretation and Critical Development of some Kantian and Platonic Ethical Insights into Moral Facts which Contribute to the Moral Education of Humanity». *The Paideia Project* (20 World Congress of Philosophy in Boston August 10-15, 1998). Disponible en http://www.bu.edu/wcp/Papers/TEth/TEthSeif.htm

— «Ontic and Moral Goods and Evils. On the Use and Abuse of Important Ethical Distinctions». *Anthropotes*, 2 (1987).

— «Persons and Causes: beyond Aristotle». *Journal of East-West Thought*, 3, 2 (2012): 1-32.

— «Persons, Causes and Free Will: Libet's Topsy-Turvy Idea of the Order of Causes and "Forgetfulness of the Person"». *Journal of East-West Thought*, 2, 4 (2014): 13-51.

— «Philosophizing with Plato about the Immortality of the Soul». *Philosophical News*, 8 (2014): pp. 140-162.

— «¿Poseemos y somos un alma inmortal?». *Philosophia*, 73, 1 (2013): 13-42.

— «¿Tenemos y somos un alma espiritual e inmortal?», en Carlos Casanova, Josef Seifert y Daniel von Wachter (eds.), *El alma, la providencia y el derecho natural (un ejercicio de filosofía como capacidad de juzgar)*. Conferencia de cierre de la Academia Internacional de Filosofía en la Pontificia Universidad Católica de Chile, 2015, pp. 11-40.

SEIFERT, Josef: «The Problem of the Moral Significance of Human Fertility and Birth Control Methods. Philosophical Arguments against Contraception?», en *Humanae Vitae: 20 Anni Dopo*, Actas del Segundo Congreso Internacional de Teología Moral, Roma, 1988, pp. 661-672.

— «Una reflexion filosófica y una defensa de *Humanae Vitae*. El don del amor y de la nueva vida», en Benedicto XVI, Karol Wojtyìa, Carlo Cafarra, Antonio M.ª Rouco Varela, Angelo Scola, Livio Melina, Alfonso López Trujillo, Fernando Chomalí, Josef Seifert, *A cuarenta años de la Encíclica Humanae Vitae, Cuaderno Humanitas*, n.º 19, Pontificia Universidad Católica de Chile, 2008, pp. 49-59.

— «The Splendor of Truth and Intrinsically Immoral Acts I: A Philosophical Defense of the Rejection of Proportionalism and Consequentialism in Veritatis Splendor». *Studia philosophiae christianae*, 51, 2 (2015): 27-67.

— «The Splendor of Truth and Intrinsically Immoral Acts II: A Philosophical Defense of the Rejection of Proportionalism and Consequentialism in Veritatis Splendor». *Studia Philosophiae Christianae*, 51, 3 (2015): 7-37.

— *The Philosophical Diseases of Medicine and Their Cure. Philosophy and Ethics of Medicine*, vol. 1: *Foundations. Philosophy and Medicine*, vol. 82. Nueva York, 2004 (desde 2005, también disponible como libro electrónico en línea de Kluwer).

— «To Be a Person: To Be Free». En Zofia J. Zdybicka *et al.* (eds.), *Freedom in Contemporary Culture*, pp. 145-185. Actas del 5.º Congreso Mundial de Filosofía Christiana. Universidad Católica de Lublin 20-25, agosto, 1996. Vol I. Lublin: The University Press of the Catholic University of Lublin, 1998.

— *True Love.* St. Augustine Press. South Bend, 2015 (*Amor verdadero*. Encuentro, Madrid, 2018).

— «Verdad, libertad y amor en el pensamiento antropologico y ético de Karol Wojtyla». En *Persona y derecho*. Navarra, 1983, pp 177-193. (También publicado en *Veritas II*. Universidad Regiomontana. Monterrey, 1983).

— *What is Life? On the Originality, Irreducibility and Value of Life*. Value Inquiry Book Series (VIBS). Robert Ginsberg (ed.), vol. 51/Central European Value Studies (CEVS). H. G. Callaway (ed.). Ámsterdam, 1997.

— «Wert und Wertantwort. Hildebrands Beitrag zur Ethik». *Prima Philosophia*, Sonderheft, 1 (1990).

SPAEMANN, Robert: *Spontaneität und Reflexion*. Stuttgart, 1968.

THOMAS AQUINAS: *Summa Theologiae*. Prima Secundae. 3.ª ed. Matriti, 1962 (*Suma de teología*. BAC, Madrid, 1997).

— *De Veritate*. Roma, 1952.

WALDSTEIN, Wolfgang: *Vorpositive Ordnungselemente im römischen Recht. Salzburger Universitätsreden*, Heft 19. Salzburgo, 1967.

WENISCH, Bernhard: *Der Wert. Eine an D. von Hildebrand orientierte Auseinandersetzung mit Max Scheler*. Tesis doctoral inédita. Salzburgo, 1968.

WENISCH, Fritz: *Die Objektivität der Werte*. Ratisbona, 1971.

— *Die Philosophie und ihre Methode*. A. Pustet. Salzburgo, 1976 (*La filosofía y su método*. Trad. de M. García-Baró. FCE, México, 2000).

Índice onomástico